U0935929

【张楚廷教育文集】㉗

关于人的问题

GUANYU REN DE WENTI

张楚廷 著

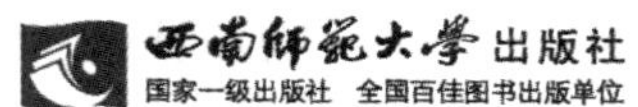

图书在版编目(CIP)数据

关于人的问题 / 张楚廷著. — 重庆: 西南师范大学出版社, 2015.6
(张楚廷教育文集)
ISBN 978-7-5621-7464-6

Ⅰ. ①关… Ⅱ. ①张… Ⅲ. ①人学-文集 Ⅳ. ①C912.1-53

中国版本图书馆 CIP 数据核字(2015)第 124775 号

【张楚廷教育文集】㉗

关于人的问题

张楚廷 著

责任编辑:张燕妮
封面设计:尚品视觉
出版发行:西南师范大学出版社
地址:重庆市北碚区天生路 2 号
邮编:400715 市场营销部电话:023-68868624
http://www.xscbs.com
经 销:新华书店
印 刷:重庆荟文印务有限公司
开 本:787mm×1092mm 1/16
印 张:10.5
字 数:191 千字
版 次:2015 年 6 月 第 1 版
印 次:2016 年 8 月 第 2 次
书 号:ISBN 978-7-5621-7464-6

定 价:24.00 元

总序

我的教育文集已出版了20卷，其中包含了50多本著作，每卷都不止一本著作，故篇幅都比较大。从第21卷起，将不再搞那种大部头了，不必太沉了。

第21卷之后的各卷将在西南师范大学出版社出版。那里有我的好朋友靳玉乐，又有出版社的各位领导以及责任编辑的支持。

在这个总序里，恐怕不宜一卷一卷地介绍了，我就做一点概括的举例式的说明吧。

第21卷的书名是《思想的流淌》。就这个书名，我曾与周成名教授讨论过。当初，曾取名《流淌着的思想》，他说这个名字长了点，于是我就改为《思想的流淌》。他又说，就叫作《流淌》吧，但我觉得这更像是一本文学著作的书名。

顾名思义，《思想的流淌》写的是思想，主要是我本人的思想，又主要是教育思想。由于一辈子从事教育，我的思想很难离开教育背景，何况，这个背景也足够宽广，不是一泻千里、笔直流下来的，而是弯弯曲曲、波澜起伏的。

读过我的电子稿的学者说，这是一部思想传记。但我没打算写传记，即使是思想传记也不会去写。我的《思想的流淌》并不是按时间顺序顺水而下的。

辛继湘博士在读完了此书的电子稿后，说书中有3409个“人”字，还有数以千计的问号。她从统计的角度说明了两个问题：第一，这本书是写人的，不仅仅是写我一个人；第二，学问是由问题引出的，众多的问题被发现、被提出，又被作某种阐述和回答，这就是学问，就可构成一本相关的著作。

不只是这一本书，我的著作很多研究生都读过，他们几乎一致地认为，每一本都通篇见人。至于我自己，是情不自禁地一直写着人。我相信，谁也不可能把“人是什么”完全写清楚。这是一个永恒的话题，也是一个没有终极答案的题目。但是，似乎如此渺茫的课题，却总是有人做着，不指望找到终极答案，却准备永远地做下去。其中，或许有人，特别是某些哲学家很可能认为自己找到了最终答案。这是哲学家们的性格，他们相信终极的结论就在他们笔下。

我的著作或多或少都有哲思，但称得上哲学的共有十本。除了《课程与教学哲学》《教育哲学》《高等教育哲学》《高等教育哲学通论》这四本是以教育为背景外，另有《哲学是什么》《哲学原理》《人哲学》《人是美的存在》《人论》《论我》等六本。

尽管有人称我为哲学家，但我真的认为自己的哲学还没有做到“家”，我还不是哲学家。因而，我也不可能像某些哲学家那样认为自己已经把人的问题全都说清楚了。我只是在这一永恒题目面前将永远走下去的人之一。

《人是美的存在》是我多年想写的一个题目，现在总算如愿了。可惜，我的美学修养还不够，也就还不足以把这个题目写好，只能是尽我所能吧。

《人论》是近几年来一直酝酿着的题目，也可以说是我最想写的一本书，现在终于也写成了。

从某个角度看，我的书可分为三类。一类是中国学者写过的，我也写，当然我力求写得不同；第二类是外国学者写过的，作为中国学术工作者，我想站在更高处做同类学问；第三种情形是中外学者都没写过的，我也写了一点，例如课程哲学。对于第二类，如高等教育哲学，我已经做得比美国学者更深入了，而在中国尚无其他人做。

如果以已出版的著作为标准来衡量一位学者是否在一个学科领域里有过研究的话，那么，我在八个领域里活动过、研究过。这八个领域分别是数学、教育学、心理学、管理学、哲学、文学、体育学、高等教育学。我的诗集已出版了四本，至少还会出几本，这大概属于文学吧。我的著作《体育与人》属于体育学，涉及广泛的体育项目以及运动员等。

在各卷之中，都会有前言或序，分别作更具体的介绍，这里仅仅是概括地叙述一下。

我不能不再三地感谢给了我许多帮助的曾力平、柏才丽。他们大大加速了出版的进程，节省了我的时间和精力，让我可以有更多的精力投入写作。

还要感谢我的家人。

在这些著作出版时，我尤其怀念我的父母，怀念他们无限的恩惠，我亦谨以这些著作告慰他们的在天之灵。在我的《漫漫人生路》以及其他篇章中，都叙述过这方面的一些往事。

从父母到我们的先祖，再到我们的民族，都深深地印刻在我的生命中。我向他们鞠躬、叩头、跪拜，用我的无限虔诚与奋发努力来感恩上天和大地。

不少研究生在写作的过程中帮助过我，如校对之类。恕我不一一列出他们的名字了。还有众多的学界好友给过我鼓励和帮助。在此一并向他们表示衷心的感谢。

"人在我心间，故我在人间。"这一信条，是我全部生活之所依，当然也构成我读书、教书、写书的动力源泉。

张楚廷

2014年11月5日

前言

关于人，我有许多论述。其中有专门的著作，如《人是美的存在》《人哲学》，在《“五I”教学细说》中有大篇幅的章节论述人，还有更多的有关人的论文。

相比于人类，宇宙已足够古老；相比于宇宙，人类显得十分年轻；连鸟类的历史也远比人类悠久。然而，关于人的学问却是最广博、最深奥的。乃至于对人的研究将会是一个永恒的话题，一个永远无法终结的话题。

可是，就是这样一个永恒的话题，牵动着人自己的心，文学家、艺术家、史学家、生理学家、哲学家，都关注着这个永恒，许多人把毕生的精力投入其中。

这里，我收集了近十几年关于人的一些文章，汇集在一起，并将书名命为《关于人的问题》。

《关于人的问题》与《论人》有什么区别呢？论人，可能是指一个过程，作为这个过程的结果就是人论吧。如果论人的这个过程走得很长，很坚实，那么，人论的内容也就应当很丰富、很充实。因而，这两个名字的区别，很可能是一个在侧重过程，一个在侧重结论。但在叙述时，还是可以把过程与结论适当结合起来的。

敬请各位学者、智者批评、指正。

写于2014年清明节

目录

人本身是目的

杜威说："教育的过程，在它自身以外没有目的；它就是它自己的目的。"[①]像杜威本人常不被理解一样，这句话也难被理解。现在，我们对这句话稍作解读。

在教育自身以外真的没有目的吗？不是有为社会培养人才的目的吗？但这个目的可以说并不在教育之外。

不是还有服务社会、服务大众的目的吗？至少，这些目的不在直接目的之中，教育还是通过自身的目的而实现服务大众的目的的，教育自身的目的是直接性的，基础性的。因而，从这个意义上讲，仍然还是"它就是它自己的目的"。不是还有促进人的成长和发展的目的吗？人的发展不是教育更直接、更基本的目的吗？这样看来，应当说人本身是目的。

这岂不是与杜威的教育本身是目的相冲突了吗？如果不认为有冲突，那就只能将"教育本身是目的"与"人本身是目的"看作一回事。否则，杜威的论述就还不能算是说透彻了的，还不是说到底了的。这个"底"就在人身上。

以上的讨论并不是没有实际意义的。中国教育被工具化、功利化的情形是相当普遍、相当严重的，也就在于它没有探"底"，没有把握住自身。当然，我们又应当看到，在近十年来，我们的教育也正在向这个"底"靠近，同时，也就越来越看清楚了自身价值的真实之所在。

还有什么比为着人本身的目的更崇高的教育目的呢？

其实，实际的教育活动就是为着人本身的发展的。只是我们不一定自觉或充分自觉到了这一点。

例如，我们为什么要识那么多字？我们为什么要背诵一些唐诗宋词？我们为什么要读李白、杜甫和莎士比亚？我们为什么要做那么多的数学习题？我们为什么还要学音乐、美术？为什么还要打球、游泳和做游戏？

并且，我们还可看到，这一切并不是那样容易、那样自然地发展着的。20 世纪 60 年代以后的一二十年时间里，基础教育中语文的古典部分就被削

① ［美］杜威. 民主主义与教育［M］. 王承绪译. 北京：人民教育出版社，2001：58.

弱了，艺术教育几近于凋零。在进入 20 世纪 80 年代之后，人们又予以恢复，强化了古典，强化了艺术教育。这实际上就是让教育真的以人本身为目的的一个起伏过程。如果更自觉的话，实在是有更多工作要做的。这是因为我们的教育并不全在于知识的传授，而是整个人类经验的传授，当然包括做人的经验的传授。

我们的祖先早已明白，人之所以为人，是由于它知道自己还要学着做人；人本是人，却还要学会做人，在学习过程中，使自己更像人。

这个问题是足够严肃、足够严峻的，也就是说，人在更像人的过程中，并不全是那样自然、轻松的。这个过程是艰难而持久的。弄得不好，还可能越来越不像人。尤其是在某种恶劣的环境下，保持和改善自己的人性真的特别不容易。

教育是最应当代表人类良知的。可是，当社会环境十分恶劣时，教育也无能为力。即使如此，教育不能丧失自己的良知。

我们今天的环境是越来越好了。这样，我们应更多地想想教师的使命。除了传递知识外，为了人本身我们还应当做些什么呢？稍具体一点说，我们还能让学生感动吗？能让他们形成自己的观念吗？能让他们也为自己树立信仰吗？能让他们也思考“人是什么”的问题吗？能让他们对我们的宇宙是从哪里来的也感兴趣吗？能让他们在看到脚下的同时也不时地仰望天空吗？

当我们真正以人本身为目的时，我们必定会不断地思考“人本是什么”这样艰深的问题；当我们有更多的认识的时候，也就会越来越明白自己要做更多的事。

人的意义

在我们面对的问题中，有两个最困难的问题：天是什么？ 人是什么？或者说，宇宙是什么？ 我们是什么？

这两个问题之中，人是什么的问题又更为困难。 对于宇宙起源于何时，人起源于何时，我们大体清楚了；对于宇宙是怎样起源的，已有了一些猜测，并接近破解，然而，对于人是怎样起源的，我们的意识是怎样起源的，就连猜测也还没有，还是一个谜。

尽管我们并不十分清楚我们从哪里来，而且很难弄清楚，但是，我们仍然在不停地思考：我们为什么来到这儿？ 我们将到哪里去？

有文明史以来已有无数的智者在问“人是什么？”，并且所得到的各种答案不下一百种，从种种不同的视角去观察着人、描述着人。

实际上，对自身不停地追问，对自己存在方式不停地探索，对自己做出如此持久又如此众多的观察和描绘，这本身就是人的一个根本特征。 或者说，这就是人。

还有什么其他生命具有这种特征呢？ 人是有意识的，不仅如此，而且人还将自己的意识作用于自己。

这种作用还不只是观察自己，描绘自己，人还用自己的意识（包括认知、情感、意志等）敦促自己、鞭策自己、鼓励自己，让自己的意识更清晰、更深刻；让自己的视野更宽阔、更高远，并由此让自己的生命更有活力，更有意义，更有价值；让自己在已有生命的基础上又获得新的生命。

人是一种能获得新的生命的生命，这就是人。 这种获得的唯一依据就是人的意识，一种高度发展起来了的意识。

一个实质性的体现就是人知道意义。 人的意义也就在于人是寻求意义的，用通俗的话说，就是人总力图弄明白自己将怎样活着，人总是力求明白自己生活的内容、方式和目的，从而明明白白走过既短暂又漫长的一生。

当然也会有浑浑噩噩者。 不过，在一个良好的社会里，这种状况就会比较少一些。 有较好的社会环境，又有比较好的教育条件，这种情况就更少了。

教育在文明史之前就存在着，在人类的童年就存在着。 教育因为有人的意识而产生，又是为着人的意义而产生的，为着提升人的意义而发展的。教育既是人的意义之因，又是人的意义之果。

虽然“人是什么”是一个最困难的问题，但是教育义不容辞地需要去探究这个最困难的问题，因为这对于教育事业是一个最重要的问题。

由于教育与人最靠近、最亲近，所以“教育是什么”的问题，是紧跟着“人是什么”这个最困难、最重要的问题的。

如果不直接思考教育是什么的话，可以先直接思考教育该做些什么的问题，并在做的过程中继续思考。

教育首先要做的事是使自己尽可能明白人的意义，进而通过自己的种种活动去提升人的意义，使人生活在自觉的自我意识之中，生活在一个意义世界里。在人把自己的意识自觉地作用于自身的时候，人自己的意义就会在更明朗的自我视野之下生长。

我们说得似乎过于抽象了。其实，我们教师对自己的许许多多具体活动，正是需要做这一番似乎抽象的考察的。

当我们在教学生识每一个字、念每一个句子时，不管我们意识到了没有，都是在为学生、为人的意义的提升奠定基础。

当我们询问学生又被学生询问时，不论我们是否意识到了，都是在与学生的互问中帮助他们提升自己作为人的意义。

当我们亲近学生、呵护学生时，无论我们明确意识到了没有，都是在珍爱学生作为人的意义的成长与发展。

当我们送走一届又一届学生时，那都是获得了更多意义的人在走向前方。

教师足以引起自豪的，也正是他使人的意义放大了，从而使人更高大了，使一个个生命更有可能获得新的生命了。

人与人性

人性善还是人性恶，一直是哲学的话题。哲学实际上是人哲学。

与人性善或人性恶相比，还有一种调和的说法，说人的一半是神仙，一半是魔鬼。这也是研究人的论断之一，不太像哲学而更像是文学。文学实际上是人学，中国曾把文学变成政治学，变成一种最没有文学味的文学了。

马克思常说到人的本性，人的类特性，并说“人的根本就是人本身”“人是人的最高本质”“人就是人的世界”[①]。人怎么会没有人性呢？

人有人性，动物有动物性，植物有植物性，矿物有矿物性……这是很简单的道理。许多科学家、思想家早已料到了唯有人性最奇妙，他们不仅认为有人性，而且认为人性最奇妙、最奇特、最复杂。

人有天生的美感、乐感、语感，人有天生的听觉、视觉、味觉、嗅觉和触觉，人天生能哭、能笑、能喜、能忧，这就是人性。

人还天生可求知，可发展，可反思。这就是人性。

为什么天生有这么多人性？既然是天生，就没有什么“为什么”。至今科学都还只是在研究人的美感、乐感、语感与大脑的哪个部位联系着，是如何联系着的。科学也试图研究情感、意志的起源，广而言之，研究意识的起源。然而迄今的结果表明，关于人的意识的起源这样相对微观的问题，比起宇宙的起源这样相对宏观的问题的研究，要困难得多。人似乎是宇宙通过它的一颗小行星孕育出来，可是，神秘的宇宙竟然孕育出了比它自身还神秘的人来了。

说世上没有无缘无故的爱，没有无缘无故的恨，可是，人人爱美，这不需要什么缘什么故；人人都痛恨残暴和邪恶，这也不需要什么缘什么故。在人间，并不是因果决定一切的。这就是人性。

2008 年 5 月 12 日，汶川大地震。为什么全世界不再分种族、不再分民族、不再分意识形态，全都来救援，这还需要什么缘和故？有一个人性就足以说明一切了。

---

① 中共中央马克思恩格斯列宁斯大林著作编译局. 马克思恩格斯选集（第一卷）［M］. 北京：人民出版社，2012：9.

人是可发展的，也就是说，人性是可发展的。这就是教育存在的理由。教育就在于发展人的人性，弘扬人的人性，陶冶人的人性。其内容就在于，使人成为理性的人，同时又更有激情的人；成为智慧的人，同时成为高尚的人。这就是发展人性。

教育是人的教育，也就是人性的教育。从一个方面来说，教育要像马克思所操心过的那样防止人的异化，使人像人；另一方面，也还要像马克思所盼望过的那样使人成为个性自由发展的人，使人更像人。

人如其人

击剑运动员王敬之、韩雪有一种高级体验，称之为人如其剑；跳水运动员秦凯等也达到了一种境界，叫人如其跳；文人也有一种境界，称为文如其人。

教育是不是要帮助人达到这种境界呢？ 教育有普遍性，不只是帮助某一类人，如果教育也考虑这一普遍任务的话，那是不是就是帮助学生而使人如其人呢？

“人如其人”似乎不太好理解。 人不就是人吗？ 还为何要如其人呢？ 更何况，人是变化发展的，尤其是青少年，有时候几乎一年一个样。 “人如其人”要如哪样的人呢？

其实，教育的一个基本目的就是教人如何做人。 康德就是这样说的，让人成为人。 何止康德，在他之前，在他之后，许多教育家也说过类似的话。

不过，康德说得更具体，他是说教人成为理性的人。 他这种说法有道理，但有片面性。 人不只发展理性，人还要陶冶情感、锤炼意志。

即使说得比较全面了，或者说把人培养成全面发展的人了，但那也是发展了的人。

所以，无论怎样说，教人做人，这话是好理解的。 甚至，人要像人，这话也好理解。 因此，“人如其人”也就好理解了。

然而，这样讲还不够。 人如其人还包含自己就如同自己，自己与自己的内在精神和外在行为一致，这里，实际上所说的是个性。 文如其人、剑如其人、跳如其人、画如其人，都是说个性。 以文如其人为例，写出来的文章，一看就像自己，而不是别人；甚至，只看文章，那格调，那语气，那风度，就是那个人。 越鲜明的个性，就越能体现文如其人，文章就有风采，有艺术。

美国的大学有个秘诀就是培养学生自己的观点。 试想，每个学生若在学校有了自己的观点了，那岂不是人人都能表现出文如其人了？ 也岂不是人如其人了？

哈佛大学有个口号，叫作把学生培养成他自己想成为的人。 我们也有口号叫作要进行个性教育。 实际上，哈佛大学的口号实质也是个性教育，但是它的口号本身就很个性化。 个性化的学校，才可能实实在在地进行个性教育。

人如其人并不停留在尊重每一个个体，而且要发展它，培育它，使人更高大。所以，人如其人的教育理念很积极，很丰富，积极而充分地体现人本思想和相应的教育观念。

事实上，我们常常教学生思考人生，却又常常把它泛化了、抽象化了，常常就说人生观，一下子拔得很高。作为一种观，是从实际生活开始的，不是先有一个“观”然后再去生活的。

思考人生是与一项项事情和活动连在一起的，渐渐地，能把事业与人生看作是合一的，那事业就成了自己的人生，人生就在事业之中了。这就是文如其人、剑如其人了，事业和人生是如此一致了。这不就是人如其人吗?

我们又常说要有创造性教育，培养创造型人才。其实，不落实到使人做到文如其人、画如其人……就不会有创造型人才出现。

看看王敬之，是这样富于创造性的人说出了剑如其人；是秦凯这样有成就的人说出了跳如其人；是真正有创造体验的文人才真正明白文如其人的道理。也就是说，有创造才懂得人如其人的含义。

另一方面，要做到文如其人、画如其人、人如其人……才能有创造，明白了这些话的含义并实施于教育才能有创造教育。

有个性不一定必然带来创造，但是，没有个性是必然没有创造的。这个道理还不明白吗?

还可补充一句：越是富于个性的人，越有可能进入创造，越有可能获得意想不到的创造。

因而，越是切实实施个性教育，就越有可能培养出创造型人才，成就创造性教育。

教育是件细活，是需要具体到一个一个人身上去的。靠一般性号召，靠一般性口号，靠一般性措施，不可能有创造性教育。

自由是人的同义词

匈牙利诗人云："生命诚可贵，爱情价更高，若为自由故，二者皆可抛。"这不仅是把自由等同于生命，而且视自由高于生命。自由的意义等同于生命的意义。

生命等同于自由，这里所言之生命即人的生命、人本身。为说明这一点，我们需要讲两方面的道理：一方面，自由为什么属于人；另一方面，为什么说人若失去自由则不成其为人。

自由为什么属于人？人为什么是自由的？根本的、唯一的原因就在于人是有意识、有思想的生命，而思想和意识本身应当是自由的。如果说自由思想是一种权利，那么，这种权利正是天赋的，是上天赐予人的。这就使得思想的自由、意识的自由具有绝对性。

言论自由、出版自由，这是思想自由的一些具体表现。对这些表现所唯一要求的是不伤害他人。言论自由、出版自由也只在这一点上才具有相对性。换言之，这种言论和出版只需对事实负责、对真理负责。

另一方面，人的自由一旦丧失，人的生命事实上就停止了。关在牢房里的人，丧失的是行为自由，思想自由是关不住的，在牢房里只要自己愿意，仍然可以自由思想。即使棍棒相加，思想的自由也难以被剥夺。如果停止了思想，即使没有被关起来，人的生命在基本的方面也就停止了。

所以，自由就是人的生命，自由就是人的同义词。

教育的使命是什么？可以有很多种回答，这些回答也可能有各自的合理性。

教育的使命就是使人更好地保障自由、享有自由、发展自由、创造自由。这也可以是一种回答，一种十分合理的回答。

教育若真能有效地履行自己的使命，那将是意义深远的。自由即等同于人的生命，那么，保障自由就是保障了生命；享有自由就是享有了生命；发展自由就是扩展了生命，提升了生命；创造自由就是在发现生命的新意义、新世界。

真正的教育，是人的教育，生命的教育。

人就是生命的一个历程，是生命的运行和能动，是一个自己可以把握的能动过程，是一个可以通过把握而放出光彩的过程。

其他的动物也是一些生命体，植物也是生命体。生命体是分层次的。人这种生命在一些根本点上处在最高层次。

生命都很神奇，人这种生命特别神奇。近代有思想家提出了天赋人权的观念。天赋人权正表达了人的神奇和神圣。

每一个人，不同肤色的每一个人，不同民族的每个人，不同信仰的每个人，不同地位的每一个人，不同身世的每一个人，都应享有天赋权利，都是神奇和神圣的。因而，有了平等的观念。

也因为如此，自由和平等必定要连在一起。因为，一旦有不平等（与不平均不是一回事），就会有一些人没有享有同样的自由。

既然人人都是自由的、平等的，于是，人与人之间都应彼此尊重和关爱。于是，也就有了博爱的观念。

这样，就有了“自由、平等、博爱”这样六个大字。这六个大字通过法兰西革命而彰显于巴黎的街头，这样六个大字为许多先进的思想家、政治家所赞赏，其中就包括伟大的马克思。

如今，教育的使命在于使这种思想更加深入人心，尤其，让更年轻的生命早早意识到这种思想的价值正是生命的价值，从而使一代一代的人更好地焕发出生命活力。

在自由中求知，在自由中体验，在自由获取自由之真谛中为更多人更好地享有自由而生活和工作。

谈人本

现在，很多人都在说“以人为本”，学界的、政界的甚至商界的。这是中国社会的一个大进步。

为什么说是进步呢？是从哪里进到哪里了呢？什么不是以人为本呢？与以人为本相对的是什么呢？又为什么要以人为本呢？人真的就是本吗？人是万物的尺度吗？以人为本应当不只是一个口号吧？我们的现实生活中有多少是以人为本的呢？

问题确实不少啊。下面仅就几个问题再做一点讨论。

一、与以人为本相对的是什么

许多的事情，如果只知一面而不知其另一面，认识是有缺陷的，或者说，对这一事物并未真正认识。

不知有负，就不知有正；不知何谓骄傲，就不知道何谓谦虚；不知沉重，就不知轻松；不分出上，也就未分出下；不知古典之珍贵，也很难明白现代的真实含义；不知晓相对是什么，也就难以知晓绝对是什么。

与以人为本相对的是什么呢？那就是以物为本，以钱财为本，还有以神为本。这些并非以人为本的情况，都曾实际出现过，现在也还可以看到。

二、为何说以人为本的提出是一大进步

在中国，提出以人为本，还只有很短的历史。这种思想早已有之，然而，作为社会生活的一种基本原则的出现，确实只是近些年来的事。

以人权为例。在中国，人权写进宪法，还是本世纪的事情。

这是一大进步，弥足珍贵的进步，并且因晚到而更感到它的来之不易。

中国有古老的文明，却与近代文明相距甚远。衡量这种距离的一个基本尺度正在于是否以人为本。

何为文艺复兴？实际上，它就是人的神圣地位的复兴，就是人的解放。这距今已有数百年历史。因此，从历史范围看，以人为本的观念和事实，自文艺复兴以来就在逐渐显现。

人本，作为一种观念，是与文艺复兴相联系的。但人本作为一种学说，则源于费尔巴哈，他首创了人本学。这是德国哲学了不起的成就。

在心理学这个极为重要的领域里，首先建立人本主义心理学的，则是美国人马斯洛。这发生在20世纪50至60年代期间。这就从行为心理学和精神分析学又跨进了一步。

封建社会的基本特征是皇帝本位，广而言之，官本位。如果哪个社会还保留有这种特征，那个社会就还没有脱离封建社会；如果哪个社会革除这种特征，那个社会就在进步了。

三、人本为本吗

为什么要以人为本呢？如果这是不言自明或用不着再说道理的，那就等于说人本为本。人本就是本，那还有什么多说的呢？

人本为本，这是一种观念，或一个原理。

以人为本，这是一种行为，或一种要求。

一般来说，一种行为是建立在一种观念基础上的，或在一种观念指引之下的。一种应然性命题是建立在一种实然性命题的基础上的。

牛顿说的是原理，实然的。工程师付诸设计和行为，应然的。从原理到行动，才获得正式的结果，由实然走向应然，才变思想为现实的成就。

人本为本这样的原理是以人为本这样的行为的指引者，是基础，是根本，是根据。

四、人真的本就是本吗

人出现的历史只有数百万年，然而，人所居住的地球约有46亿年。也就是说，在地球上，人作为一种生命体是十分年轻的。如此年轻的生命，在生命群之中怎会是本呢？怎么能够说人本为本呢？

人是如何起源的呢？虽然人出现得很晚，历史并不特别久远，但对其起源问题的研究特别困难，乃至于比宇宙起源的研究更困难。自康德之后，关于宇宙起源的问题，科学家沿着他的猜想已经走到了接近实证的地步，而对于人类及其意识的起源的研究，可谓困难重重，还不知算不算有了一个起步。尽管对于人的起源有了种种猜想，但这些猜想的可信度都十分有限。

不过，我们至少可以说，人并非本源。无论如何，我们都会认可，我们来自大自然。也就是说，人不在大自然之上，大自然是源，人是流；大自然是本，人是末。

五、应当是上天之下的人本吗

如果把大自然说成上天，那么，我的观念是上天之下的人本。详细一点说，人并不本为本，更基本、更根本的本，是大自然，即上天；但是，在上天之下，人为本。实际上，还必须补充说，是在社会中，人乃本。因此，应当说是上天之下、社会之中的人本。

那地上的小草，它怎么会以人为本？那天上飞翔的小鸟怎么以人为本？

那天空中悬挂着的日月怎么以人为本?

有人说，人是万物的尺度。这实际上是一种人类中心主义。如何以人的尺度去衡量小草、小鸟?小草、小鸟的存在，不仅历史比人类更悠久，而且它们存在的合法性也是先于人类的。它们就是它们自己的尺度，人在它们面前没有傲慢的理由。

语言与人

一、从一个小故事说起

有一次，我问高晓清："高晓清是你，还是你是高晓清？"她犹豫了一下。

我问我五岁的孙女："彭子芮是你，还是你是彭子芮？"她立即回答："差不多吧。"

为什么面对同样的问题，教授、博导级的人犹豫，而幼儿园的孩子却立刻作答呢？

区别在于，一个是用逻辑在回应，一个是靠直觉在回应。直觉迅捷，逻辑相对缓慢。

两种回应也有相同之处：都是对某种语言的回应。凡人都是一个存在体，但又都冠以一个名称，或者一个符号。人从一出生起就被赋予了一个符号（即名字）。从此，每个人就至少与一个符号联系在一起了。有的人有乳名，有的人有了诨名（即外号），有的人使用了笔名。

使用笔名的人多半是学者或文人。比如，莫言不姓莫，姓管，原名叫管谟业；茅盾不姓茅，他的本名是沈德鸿；而鲁迅并不姓鲁，他姓周。鲁迅的笔名有 100 多个。

人从一开始就与语言、与符号相连。

孙中山先生名文，号逸仙。后来，有了一所大学叫中山大学；有了一座城市叫中山市。中山成了人们怀念的人，也成了人们怀念的一个名称，并以其为名来纪念这个人。这种怀念的情感也用相应的语言来表达。

二、人的生命史即其语言史

人出生之后，十个月就牙牙学语。小孩的体重在增加，身体在长高，但最令父母兴奋的是小孩第一次喊出"爸""妈"。"妈"，几乎是所有人会说出的第一个字，这也就是每个人最初的语言。

当儿女的语言出现困难和障碍的时候，也是父母最着急的时候，跟生理上患病了一样着急。

小孩子上学是从识字开始的。从认识人、手、足、刀、尺开始，从认识一、二、三、四、五开始。这也是从口头语言向文字语言发展的开始。小孩的成长伴随着语言的成长。

学汉语，是学语言；学英语，那是学外国语言；将来，有些人还学二外、三外，进一步扩大自己的语言世界。多习得一种语言，就是多一种文化，多一座通向世界的桥梁。

学数学也是学语言吗？学 1，2，3，4，5，6，7，8，9，也是学语言。有人将其叫作阿拉伯数字，实际上是来自印度的。0 这个数字出现得很晚，大约出现在公元 6 世纪的印度。在罗马数字和古中国数字中，都没有 0。认识零并以 0 来表达，不是很容易的事。这些数字作为语言的一部分也有其生命过程。

几何是用图形来说话的，那是一种特殊形态的语言。学起来也有一定的难度。

学音乐也是学语言吗？音乐是侧重于情感表达的语言。歌曲与乐曲有所不同，乐曲是用纯粹形式的曲调表达意境，此时，曲调就是它的语言；歌曲则是由日常语言、诗歌形式的语言与曲调配合而形成的语言。

物理学、化学也是语言，只不过它们使用的基本术语不同。物理学的基本术语是力、热、电、光、原，就像音乐里的 do，re，mi，fa，sol，la，si；化学里则是氢、氧、氮、碳、磷、钾。有一类语言是描述精神世界，有一类语言是描述物质世界的。

描述物质世界的科学语言具有精确性；描述精神世界的语言具有多样性，这恰好说明了人的精神世界更为奇妙，更需要多角度、多视野去考查和表述。

哲学里，最基本的词汇是辩证法，形而上；讨论的对象是方法论和“后天的事实”。于是，哲学里有自己特殊的用语。与物理、化学不同，它所使用的术语都是非物质的。逻辑学用一套特殊的术语来讨论思维是怎样展开和运行的。

进入大学后，还是在学习语言吗？

大学仍然是在学习着语言，只不过，此时所学习的是更专门、更高深一些的语言。到了研究生教育阶段，不仅学习语言，还要创造性地学习语言，并且在博士训练阶段还力求使用新的术语。

在完成大学学习并走上工作岗位，有了某种职业后，又将会习得一套职业语言。从商的，将会有一套商业语言；从军的，就会习得一套军事语言；从政的，免不了跟一系列政治术语打交道；从教的，那将是一套教学语言，并与某些学科语言联系在一起。

因而可以说，人的一辈子都在学习着、发展着、丰富着自己的语言，自己和自己的语言一起在发展，在成长。因而也就可以进一步说，人的生命史就是自己的语言史。

文如其人，那个“文”，那个语言，就是你自己，就是你的生命。修文习武，就是在修炼人生。

三、人类史亦是其语言史

人类历史约500万年。这是考古学所证明了的，如果有新的考古发现，这个数字就还可能变大。在若干年前，人类史被认定为440万年，后来有一项人类化石研究表明，这个历史应前推了。所以，500多万年便是我们目前所知的数字。

在这500多万年的前两百万年时间里，人还只有单音节语言，也就是说，那时人类的语言与动物界的灵长类差不多，或者说，就语言而言，人类尚未脱离动物界。

两百万年过后，人类的口腔结构有了一个极重要的进化，这种结构使得人发出多音节有了可能，再加上人类意识的发展，于是多音节语言产生。

多音节意味着什么呢？意味着可以表达概念和命题，也就是可以表达词与句了。词与句是正式的语言，借助它就可以传递人类经验了。

然而，这种语言附着于声音，它可以传递到下一代，但传递到再下一代就有困难了。那时，人类的生活经验保存下来再隔代相传仍然是很难实现的。

语言附着于声音，声音承载着语言。换言之，人类尚只有口头语言。当人类活动越来越多的时候，就必然需要更多样更丰富的语言来表达。仅靠口头语言来表达并传承如此丰富多样的生活经验，也就越来越困难了。

当然，在这期间，即使只是口头语言，它也在发展着、丰富着，虽然隔代相传十分困难。

这种只有口头语言的局面，又持续了一百多万年。一个更根本的变化发生了，这就是文字语言的产生。有了文字语言，承载它的就不再只是随时可以飘走、可以消失的声音了。

文字可以留存在石头上、甲骨上、竹帛上。所有这些都可以称之为文本。故而，文字可以由文本来承载了。而文本的有形、固定，就使得长时间保存成为可能。

在有了纸张、有了印刷术之后，这种文本的保存就更为有效了。从而，隔代相传乃至永久相传也有了可能。这是技术上的变化，实质上也是使语言更有效地得以保存、发展、相承的变化，因而是根本性的变化。

这种文本语言、文字语言、书面语言，首先是在古巴比伦、古希腊、中国和印度出现的。这也就标志着人类文明的开端。人类文明随着文字语言的来到而来到。文字语言的出现为人类创造了无限可能。

这个历史已有五千年了。五千年是很长的历史，但放在整个人类史中来看，却还是相对短暂的，尽管这段短暂的历史最为重要、最为珍贵。这段文明史，与史前史也密切相连，这段文字史也只是整个语言史的一部分。

尽管人类活动是多种多样的，但最能反映它的历史的，就是其语言史。正是在这个意义上，我们可以说，人类史就是人类语言史。

四、语言活性与人生活力

有人说，语言是思维的工具，思维的外壳。我觉得这是大大低估了语言的作用和意义。

从我们已有的讨论就可看出，一个人的语言是一个人生命的一部分，其语言史是其生命史的基本部分。语言是有血有肉的，它不只是一个骨架，更不只是工具和外壳。

语言与人类史相连，是通过民族史表现出来的。每个民族有各自的语言，并且，民族语言是民族文化最重要的成分，乃至是其民族性的主要特征。

人类脱离动物界的根本表现在于有意识、有思想，而表现形式则在于有了语言，有了命题语言。用卡西尔的话来说，就是动物只有情感语言，而人类则有了概念语言、命题语言。

我们汉族有我们的语言，即汉语。与其他民族语言一样，它是我们汉民族创造和发展起来的；它的发展、完善是一个创造过程，是显示我们民族智慧的过程。它凝聚着巨大的智慧，又能给我们民族的后代以智慧。

如此的语言，只是外壳、只是工具吗？

语言是一直发展着的、充实着的，到现在也还在继续。当然，语言中也有一些成为古典，有的可能就不再为今人所运用了，它们封存在历史中。语言学家们仍然不会忘记它们。语言如生命一样，也有自己的新陈代谢。

我们把语言的这种特性称为语言活性。语言的这种活性能给人以活力。特别能把这种活性表现出来的，是那些语言大师，他们巧妙地运用语言，并创造新的语言。

我们不难看到这样的现象：当一个人越来越沉默寡言时，其生命也就在衰微之中了；当一个社会的语言变得日益单调乏味时，这个社会也就在滞缓之中了，活力在衰退了。反过来说也对，活力的枯竭也意味着语言活性的减退。

一般情况下，人总是有说有笑，当然还有哭，还有喜怒哀乐，但都离不开语言。人们接受某种语言的信息甚至是刺激，又以不同形式的语言做出反应。

同时，我们也看到，那些滔滔不绝述说着的人们，其生命也就在活跃之中；滔滔不绝的话语所蕴含的内容越丰富时，其生命活性的表现也越显著。

人的语言活性，既是人的活力的表现，也是增进人的活力的要素。

一个人拥有的概念、词汇，如同其大脑中的思维原子；当自己的大脑中有大量这样的原子且十分活跃时，它们就有很强的聚合力，由此组成新的分子，组成新的物质。这就是创造。语言不是被动的，它的活跃，它的活力，显示的是思想的力量，是智慧的光芒。

当人们的生活越来越多样、越来越丰富和深刻时，也就是思维原子越来越多的时候，此时，一定会以不断增长的语言来表达这种多样和深刻。这是同时展开的过程，语言过程即人生过程。

人的一生中，尤其是那些自觉其生命意义的人的一生，总是会有多方面的修养的。有行为举止修养，有文学写作修养，有哲学修养，有科学修养，当然也有语言修养。这种修养是语言自觉的结果，也是语言修养的动因。

你的语言是得体的吗？你的语言是让人亲近的吗？你的语言如诗如画吗？你的语言是严谨而诙谐的吗？你的语言是清晰而富有激情的吗？你的语言是贴切且动人的吗？你的语言是既有说服力又有感染力的吗？你的语言是美丽而又朴实的吗？你的语言既深奥又通俗吗？你的语言富有哲理而日常化、平民化吗？

我们会因为自己的语言如此美丽，而使自己的人生也变得绚丽；语言的芬芳，会带来人生的璀璨。

五、语言与智慧

我的爱人有时觉得小孙子不够敏捷，不怎么聪明。一方面，我对她说，很多人小时候被认为迟缓，甚至被认为不太聪明，结果成了科学家、发明家。这证明他们并不是真的迟缓。

另一方面，我建议她多跟孙子对话。首先，自己说话时，多用或然的口气；其次，多说半截子话，留有余地，让小孩子容易接上话；最后，也是特别重要的一点，永远不要对小孩说“你讲得不对”，而只是说怎样讲才是对的。

有一次，我爱人对我孙女说：“爷爷就只知道写书。”我孙女立即说：“能写书就很不错啦。”我听后很高兴，就搬了很多本书给孙女看，她看到那么多书后说：“这么多书，有人要么？”我和爱人都哈哈大笑了。

这个过程也是对话。一方面，小孩从对话中获得信息；另一方面，对话必有利于她已有的语言活跃起来。这也就是智慧增长的过程。

实际上，我们读书，就是与学者的对话，与智者的对话，与古人对话，与中外的哲人对话。读书的过程就是与他人对话的过程，也是获得智慧的过程。

我们和儿子辈、孙子辈在一起，常常是欢声笑语的，这就是语言在很顺畅的环境下流动，并且在流动中彼此都可增长智慧。

良好的家庭环境也十分有利于我去理解教育，理解教师和学生各自的角色。

所以，在教学中，我也提出了一些对自己的基本要求。可以分成几个要点来讲。

第一，提供尽可能大的语言量，即信息量。

第二，多运用或然性语句，少一些理所当然，少一些斩钉截铁，少一些断然的结论。

第三，多运用联想、比喻、隐喻，并尽可能在其中蕴含幽默、诙谐和故事。

第四，作为结果，就是既给学生留下知识，也留下问题，留下故事，留下可继续品味的“菜肴”。

以上这些要点又都可归结为语言问题，语言的丰富，语言的表达，语言的技巧，语言的修养，语言的娴熟与艺术。因而，教师的使命在很大程度上是不断锤炼自己的语言，丰富自己的语言，活化自己的语言，美化自己的语言。

教师的智慧，在于他的教学智慧，也在于他的语言智慧。教师的语言是知识问题，也是信念问题，情感问题。语言与智慧是在教师美好的心灵里同时存在的。

教师的这一切，最终又都在于让学生获得智慧，让学生的生命更有活力，更加美丽，更加灿烂。

六、语言修养问题

我认为，直到现在，我仍然在修炼自己的语言，在学习语言。

语言是可以成为艺术的，而艺术一定是锤炼的结果，一定是千百次演练出来的。

无个性，便无艺术；有个性，还不一定有艺术。所以，我首先寻求自己个性化的语言。这一寻求的过程，就是修炼的过程，锤炼的过程，磨砺的过程，不断学习和修养的过程。我的语言就是我，我和语言一起成长。

我真的还在学习和修炼吗？有以下事实为证：

第一，我对自己有一条约束：不说别人已说过的话，即使别人说得很好，我也要说自己的话。

第二，不说自己曾经说过的话，即使含义相近，也寻求相异的表达，一且相异，就可能发展。

第三，哪怕在同一篇文章中，也尽量不重复使用同一词汇，在同一篇文章中，后面用的，跟前面的也力求不一样。这就是修辞上的讲究。

第四，每当我碰到不认识的字时，我一定去查字典；我虽认识但感到对其含义的理解还不是很有把握的时候，也一定会再去查字典；有时，字典上也查不到，我就会去请教语言学家们。蒋冀骋就是我常请教的一位，他堪称一位语言学家。

汉语是我们民族创造的，是我们祖宗创造的。我常有一种意念：要对得起祖宗，就需要好生学习他们创造的语言。

我又常常感到遗憾。根据北京国安咨讯设备公司统计，有出处的汉字总共 9 万多个，我只认识二十分之一；总共大约一万七千条成语，我大约也只知道十分之一。当然，我还在努力，一直努力下去，即使再增加一个百分点也绝非易事。因而也常有对不起祖宗的感觉。

虽然我很自信，也盼望别人自信；虽然有时我很牛气，但我也深知自己的不足，并且不断地用心学习。自信又自知不足；牛气又不狂躁。对语言的虔诚是任何时候也没有忘记的；在祖宗面前的虔诚是永远不能忘记的。

我还举几个小例子，来证明我的虔诚。

很多字，我都去琢磨。

比如“睡”字，目就是眼睛，睡觉就是把眼睛垂下去。并且，眼睛垂下去就是睡了。是不是睡着了呢？眼皮合起来，眼球可能还在动，还不算睡；眼皮子闭起来，眼珠子也自然下垂了，这就是睡了，三五分钟后就会睡着的。人在眼皮闭着但还在想事时，眼珠是没有下垂的。要好好睡觉，就要让眼珠子自然下垂。

蔬菜的“蔬”字，与“疏”有联系，蔬菜（水果）具有疏通肠胃的作用；“梳”也具有梳理、梳顺的意思，是一定意义下的疏通；“蔬”“疏”“梳”的发音也一致；“流”字与其有相同的字根。因而，蔬、疏、梳、流四个字是相联系的。

还看一个“衡”字。我就这个字请教过蒋冀骋教授，问：“中间是不是一个鱼字？”他犹豫了一下，回答说：“我再研究一下。”大约两天后答复了，不一定是两天都拿来研究了，但肯定是花了一些时间的。他说，那中间的上半截是一个“角”字，下面是一个人顶着一根杠。这就是衡字，平衡的衡，衡量的衡。

虽然我仍才疏学浅，但仍然学习着，努力学习凝结着我们祖宗智慧的语言；也与同学们一道在学习着，我所期望于学生的，也是要求于我自己的。

阐释学是人的阐释

数学以及近代以来的科学，似乎都是理性主义的产物。其实，数学来自人的心灵，研究物质的科学借用了数学，同样与人的灵气、灵感有关。因而，数学以及近代科学是人类理性与激情共同造就的。

哲学乃寻根究底的学问。也正因为哲学的这种性格，它常常走极端。所以，哲学家们通常不是偏于理性主义，就是偏于非理性主义，并且都认为自己已经把宇宙和人间的一切都说明白了，至少是能自圆其说了。

一、理性主义的缺陷

理性主义的基本信条是，世间的一切都是可以说出个所以然来的，都是有来龙去脉的。并且，自然哲学家们和思辨哲学家们都在身体力行，都在努力寻找因果律和来龙去脉，可谓乐此不疲。

然而，理性主义哲学在特别关注普遍性的同时，忽略了人间的特殊性。没有把人间的事情说明白，这是一部分哲学家特别不甘心的。

只关注理性，恰好难以说明人间的奇妙。

二、文本是什么

阐释学作为学问被认为是“对于文本之意义的理解和解释的理论或哲学”。①

哲学，辞典上注释为智慧。哲学当然就是指智慧之学了。但是，汉字里的“哲”字为什么是这样构成的呢？为什么是一个折字再加一个口字呢？辞典上没有解释了。

但作为学者，也于心不甘，总想寻求一种解释，总想去阐释一番。折，曲折也，折叠也，还有挫折、折扣、折磨、折射……那“哲”字就可以理解为曲曲折折地拐着弯地用口说话。这就是一种阐释。此时，所面对的文本就是文字本身。这是对文字的阐释。

“哲”字还有一个写法：“喆”。这意味着什么呢？两个士，士人即读书人，知识分子。喆，这似乎是两个知识分子吵架，争辩。哲学的产生和发展还真的是一直伴随着雄辩与争论的。唯名论与唯实论之争延续了漫长的

① 冯契.哲学大辞典［M］.上海：上海辞书出版社，1992：1654.

历史，至今仍有不同观点存在。博大精深的汉字用“喆”字的书写，表达了哲学的历史演进。但这种解释在现有辞典上并没见到，这只是我个人的一种解读，也是阐释。

值得注意的是，阐释学正是建立在个体基础上的，阐释是每个人自己的阐释。寻求普遍解释导致的结果是，结论出来之时也恰是释义终止之时。理性主义排斥了个人的参与和演绎。阐释学作为一种哲学，却体现了对个体释义权的尊重。

文本当然不只是文字，还特指了一些别的，尤其是被认为属于经典的那些内容。

可是，这些文本亦必是由许多文字构成的。文字以及由文字组成的语言，这是文本的实体。不过，文本一般还是包含了人更丰富更深邃的思想和情感的载体。文本，实乃人文的文本，文本是以人本为基础的。

三、后结构主义的质疑

结构主义于20世纪中叶盛行起来。皮亚杰的著作《结构主义》乃集大成者。在教育领域，布鲁纳的结构主义课程观曾产生过十分广泛的影响。

可以说，结构主义是理性主义这根藤上结出的瓜。它把宇宙间的一切视为结构，连同人也是一种结构，任何文本也不过是对一些不同结构的表达。结构的方法甚至催生了一种世界观，这就是结构主义。这种哲学渗透到了数学、物理学、化学、生物学、天文学，还渗透到了社会学、政治学、历史学、人类学，等等。

可是，后结构主义出来质疑了。一个文本，在甲看来是A型结构；在乙看来，可能是B型结构。相对于甲，乙岂不是重建了结构吗？岂不是将A型结构拆解了吗？

进一步的解释是，每个人都是带着自己的心灵和特有的视角走进文本的。于是，从流动的观点来看，并不存在一种普遍的、能够定格下来的结构。换言之，每个人都是文本的阐释者。从这样的结果来看，还是回到了阐释学。

当结构主义作为理性主义大树下的一株小苗生长起来的时候，也是排斥了个体的人而进入一种似乎普世的、与人无关的境界，并且人只是作为一个物种而存在。

理性主义哲学和被称为阐释学的哲学，看来都离不开对文本的理解和解释。它们的差别主要在哪里呢？

从牛顿以来，似乎已证明了希腊哲学中理性主义的力量。笛卡儿甚至说出宇宙是由数写成的书。这种理性主义导致了一种科学信仰，宇宙间，大自然里的一切都由因果构成，而这种信仰确实带来了科学的大发展、大繁荣。

与此同时，科学主义也逐渐抬头。由人发现的科学，由人建立起来、发展起来的科学，反而使人本身丧失了地位。科学显示出来的巨大力量似乎使人变得渺小了。

作为教育家、哲学家的胡适先生，在一场关于玄学与科学的论争中，竟说过这样一段话："在那个自然主义的宇宙里，在那无穷之大的空间里，在那无穷之长的时间里，这个平均高五尺六寸，上寿不过百年的两手动物——人——真是一个藐乎其小的微生物了。"①

科学寻求的是唯一真理，但是，科学的意义在不同的人看来并不一定是相同的，真理的意义并不一定是唯一的。只要有阐释的介入，就会呈现多样性。人不是渺小的，科学既由人来发现，又由人来解释。

四、自然与人文

对于自然，人们寻求唯一的因果关系，却加以不同的解释；对于人，人们不只是寻求不同的解释，而且不同的人有不同的解释，同一个人在不同时期对同一事物看到的也可能是不同的景象。

即使是曹雪芹、莎士比亚，不同的人对他们也有不同的解读。对一部《红楼梦》的研究竟构成一门壮观的"红学"。这就是人文，其多样性正说明了阐释学存在的必然性。

似乎阐释学主要是存在于人文领域的。但是，自然界也远不是单一性、唯一性所能解释的。

大自然本身的基本特征就是多样性，多样性也正是物种生命力的表现。连天上飘下的雪花也有数万种形状，更何况动物世界，更何况具有高级神经活动的人了。

"大自然给每个人设计的原本的蓝图是不同的，唯一的，这是每一个人唯一性的主要原因"，再加上每个人"生活历程，所处环境，遭遇病菌，食物优劣，外界压力，患病经历等的不同"②，更是呈现多样化。

大自然给自身设计的蓝图就已是千差万别的了。至于人，每个可主宰自己命运的人，都是独一无二的。每个人都是不可复制的。

神秘的大自然，把最神秘、最神奇的色彩涂在了人身上，让每个人都是神秘、神奇，从而是神圣的。每个人也因此拥有尊严，拥有不可剥夺的平等、自由权。

科学适用于自然，阐释学适用于人文，这不是绝对的划分。

---

① 白吉庵，刘燕云. 胡适教育论著选［M］. 北京：人民教育出版社，1994：191.

② 梁宋平. "珍惜自己、善待他人"的生物学依据［J］. 中国科学报，2012（7）.

人不也是自然的一部分吗？ 然而，它是很奇特的一部分，这是人的奇特，却也是大自然的奇特。

宇宙存在了137亿年，我们生活的星球也有了46亿年历史，可是，人却只有500多万年。 人在大自然中，还处在婴儿时期，还只是依偎在大自然的襁褓之中。

可就是这个婴儿般的人类，给这个星球带来了无数的故事，并且，使得人类解释自己比起解释大自然来更为困难。 例如，宇宙是怎样起源的？ 对于这个问题，我们毕竟有了康德的猜想，并且这个猜想已接近于被证实。 可是，人类及其意识是怎样起源的，对此，除了一点零星的考古学材料外，我们几乎还一无所知。

大自然造就了人，人造就了超自然的神奇。 我们可以说，这既是大自然的神奇，又是人的神奇。 人的超自然一面也来自自然，人的神奇也源自大自然的神奇。

人写下了无数的诗篇，绘出了无数的画卷。 无数诗情画意，既献给了人自己，也献给了大自然。 在哲学里，这叫作天人合一。

人最需要的是，敬畏大自然，并认识自己。 “认识你自己”，这是智者苏格拉底代表人类发出的心声。 其前提应包括了认识自然。 否则，我们也认识不了自己。

五、关于卡西尔的《人论》

无数的哲学家、自然科学家在研究着、阐释着人。 但是，自然科学家总是热衷于将阐释归为唯一，于是，阐释在自然科学那里总是容易被终止。 思考着人的哲学家，也都各自认为自己把“人是什么”说清楚了，但是，另一些哲学家又总是将阐释变得更为丰富，于是，阐释学在人文科学那里不断地生长和发展起来了。

自然科学家们，从生理学、解剖学、考古学、神经学等多角度去研究人，但在不同领域里都是寻求唯一的、被称为科学的结论。

文学家、哲学家、教育家们当然要研究人，但几乎所有的研究者所描述的人都是不一样的。

事实也如此，没有两个人的思想是完全相同的，更没有在思想、情意、态度、风度上完全相同的两个人。

虽然哲学家们面对人的基本问题是相同的：人是什么，但回答却是各种各样的。

美国哲学家内格尔的《人的问题》，德国哲学家卡西尔的《人论》，都是很引人注目的。 阐释学的代表人物海德格尔、伽达默尔也是德国人。 德国哲学高度发达，众多阐释学代表人物、哲学家出现在德国也不足为奇。

卡西尔的《人论》把人作为直接的研究对象，“唯一的问题只是：人是什么？”[①]他把人定义为符号的动物来取代把人定义为理性的动物[②]。动物不也有语言吗？但卡西尔认为动物只有情感语言，而人还有命题语言，“命题语言与情感语言之间的区别，就是人类世界与动物世界的真正分界线”[③]。

卡西尔把人定义为符号的动物、语言的动物，这是对人的一种阐释，还是终止了对人的阐释呢？

事实上，卡西尔不仅给出了对人的一种阐释，而且，通过把人定义为语言的动物为阐释学提供了更好的阐释，因为语言正是进行阐释的基本表达形式。每个人都通过自己的语言阐释着自己和别人。

人类史，在很大程度上是人类语言发展史；每个人的一生，也就是他的语言生成、发展和丰富着的历史，也就是他获得阐释能力的历史，也就是他生命的演进历史。

所以，阐释学应当可以归属于生命哲学，而生命哲学正是另一位德国哲学家狄尔泰最早使用的一个术语。

阐释学体现了对每个个体的尊重，对生命的尊重，对人的尊重，对人类文化的尊重。

在这种哲学里，肯定了每个个体的意义，否定了对任何一种特定解释的垄断权。

在这种哲学下，人的意义，人的价值，生命的意义和价值，与其对阐释的把握联系在一起。

① ［德］卡西尔. 人论［M］. 甘阳译. 上海：上海译文出版社，2004：7.

② ［德］卡西尔. 人论［M］. 甘阳译. 上海：上海译文出版社，2004：37.

③ ［德］卡西尔. 人论［M］. 甘阳译. 上海：上海译文出版社，2004：42.

人类史、语言史与教育史

人类经历了自己的童年和青少年时期，而后进入成熟的阶段。

在人类的这一演进中，语言充当着怎样的角色呢？ 教育又是怎样起作用的呢？ 这三者怎样各自演绎，又是怎样相互关联的呢？ 我们先分别讨论，然后转入对相互关系的叙述。

一、人类史

人类较之大自然，实在是太年轻了。

宇宙已有了137亿年历史，地球也有了46亿年历史。 至今，我们所知道的人类史约为500万年。

这个500万年是怎样得知的呢？

这是考古学告诉我们的。 考古学由化石得知我们已有了500多万年历史。 当然，这也预示着，若有更新的考古发现，这个数字还可能变化。

宇宙是怎样起源的呢？ 康德有一个猜测，并且欧洲的科学家们正接近于证实这个猜想。 但是，人类是怎样起源的呢？ 对此，连类似于康德猜想的那种揣测也还没有。

人类是何时产生的？ 这由考古学在探索着。 但这只是对起源时间的考查，还不是在探究人类是怎样起源的。 人的奇妙在于他的意识，而意识是怎样起源、怎样出现的呢？ 对此我们几乎还一无所知。

地球至今已有46亿年左右，人类历史的500多万年与之相比，还不只是年轻的问题。 如果把地球比喻为百岁老人，那么，人类还没满月呢！

人类经历了自己的童年，少年，青年，现在应当是中壮年了吗？ 可以肯定的是，它还未到自己的晚年。

人类是怎样度过自己童年的呢？ 他又是怎样度过自己的青少年时期的呢？

人类衣食住行的状况是如何变化的呢？ 人类的物质生活、精神生活如何变化的呢？ 这都是人类史的一部分。 有什么特别的变化影响了人类的演化过程呢？

二、语言史

最早的人类只能发出单音节来，这跟动物的差别不大。 这种状况大约持续了近 200 万年。其间，一个关键的进化是人类的口腔结构的变化，使得发出多音节有了可能。

因为有了多音节，也就有了表达概念、语句的可能。这时，人类出现了正式的语言。于是，上一代就有可能把生活经验更有效地传递给下一代了。

如果把人类的单音节语言时期称为人类的朦胧时期，那么，随着正式语言的出现，人类史也相应地进入一个正式的阶段。

但是，这种语言是未能刻下的，也就是说，这种语言随着声音的消失便消失了。声音作为语言的载体，很难得以隔代相传。人类早期的寿命远短于今天，所以，这种语言难以代代相传。

人类停留在这个多音节语言的阶段大约有 100 多万年。

人类语言的一个决定性发展阶段，是文字语言的出现。

按最早的文字记载，这种语言的出现，不过五千年历史。这就是古埃及文明、古巴比伦文明、印度文明和中华文明。

此时，可称为语言发展的成熟时期。相应地，可以说，人类史也进入成熟时期。

有了文字语言，代代相传的条件也就出现了。

三、教育史

其他人类活动很难比维持生计的物质活动更为悠久，唯有教育可与之相比。

不少动物也本能地传给后代生存、生活的本领。唯有人类，从一开始就有意识地传给子女生活经验。动物只会“叫”，人类却会“教”。

但是，在人类的朦胧时期，人类只有单音节语言的时期，这种传递的能力是很有限的，内容也是极简单的。因而，此时的教育也是极简单的。

到了人类出现正式的语言之后，也就有了正式传递生活经验的条件，通过概念与语句来传递，就极大地丰富了传递内容。这种传递当然也具有正式的教育意义，正式的教育随着正式的语言而产生。

然而，这种教育如同正式语言的局限性一样，隔代相传也十分困难，作用也很有限。

也许，后人能从前人留下的一些有形创造物中间接领会到一些生活经验而少走弯路，可是，人类较快的发展仍然是十分艰难的。

人类在有形物上留下的意识痕迹，也可归为广义的语言。于是，局部的语言隔代相传也有了可能。

直到有了成熟的语言，即有了文字语言之后，成熟的教育才出现。根本的变化在于，文字承载了人类文化，从此可以代代相传。唯一要解决的是文本的保存和珍藏。也正因为如此，人类生活经验与文化才可能不断积累，教育的内容也变得越来越丰富。

从中国史看，文字载体经历了甲骨、竹帛、纸张的发展过程。自北宋时期毕昇的印刷术出现，至今也不过千余年。

在这个过程中，另一个困难出现了：如何选择经验，如何组织这些经验，使人类文化的精华得以有效传承。这意味着教育面临一些特殊的问题，这些特殊而复杂的问题在人类进一步的发展中，不断以新的形式出现。

虽然，人类史、语言史与教育史基本上是同步发展的，都经过了朦胧的时期、正式的时期和成熟的时期，但仍有各自的特点，有各自面临的特定问题。

四、语言的特殊意义

人类史几乎就是人类的语言史；教育以传承语言为基本形式而与人类相伴；语言支撑着教育，语言的不断丰富为教育提供无限的资源，教育史与语言史相伴随。

人类史，尤其是人类文化史，主要是以语言为标志的，文化生成着、发展着，语言也生成着、发展着。教育有赖于语言，又传承和推动语言发展。

语言对于人类具有特殊的意义，对于每个个体的人也如此。每个人的生命历程基本上可由他的语言发展表现出来，每个人的成长，其主要表现方面就在于他的语言成长。

父母对小孩所特别欣赏的就是小孩的语言变化。尽管他的身高、体重也是父母关心的，但更为关心的是语言发展与变化。当某一天小孩子说出一句很特别的话、使用一个很新的字眼时，都是父母特别欣喜的时候。

在自然的状态下，小孩会不断地向父母发问："为什么？""是什么？"这也考验父母，能否回答这些由小孩的天性决定的问题。若不小心，就可能削弱甚至绞灭孩子这种可贵的天性。实际上，这也要求父母有尽可能丰富的语言。

然而，无论多么有学问的父母，不可能熟悉方方面面的语言并有效传递给孩子。于是，学校教育成为必要。实际上，学校是由一个教师群体将拥有的语言传授给孩子。这一任务，不仅是父母难以承担的，而且是单个的教师也难以承担的。

父母依然会欣喜，在听到儿女从学校回来说出了他们从未听到过的语句时，便知道小孩在进步和成长，知道学校有多么重要。

教师在丰富学生语言的过程中，也丰富了自己。这个丰富的过程不一定全是词语量的增加。实际上，在这个过程中，教师必然地对每个词与句都加以品味和阐释，从而丰富了对语言的理解，并引导学生去阐释。

如果一切都可见诸文本，教师的作用在哪里呢？教师所拥有的，是活的语言，并且在与学生的交往中运用这些语言，把学生自己的语言也融进去，用尽可能靠近学生的语言帮助学生发展语言。

语言通过教育传承，教育通过语言展开；语言依靠教育保存和丰富，教育依靠语言变得灿烂。当教师的语言成为艺术时，教育才成为艺术；当教育成为艺术时，学生对语言的感受就变为欣赏。

五、语言的普遍意义

即使是进入大学以后，所学习的仍然是语言。

在大学里，进入不同的专业领域，所学习的似乎都是专业知识、学科知识了。然而，学科是由学科语言来表达的；专业是由专业语言来表达的。不同学科有不同的学科语言；不同的专业有不同的专业语言。例如，物理学有物理学的特有语言，数学有自己的特有语言，哲学、文学、史学都有自己的专门术语。

音乐也有自己的专门术语吗？有。不只是在音乐理论中有专用语言，而且乐曲也是语言，它是以艺术的形式更多地表达情感的特有语言。不仅声乐是语言的表达，器乐也是语言的表达。这种语言可能更多地包含了情感语言，但也含有命题语言。乐曲这种语言几乎是没有国界的。即使是民族音乐，也可以用“越是民族的，越是世界的”这句话来说明其普遍意义。

美术也是一种特殊的语言，它用形象来说话。

一方面，是什么样的学科就有什么样的语言；另一方面，由什么样的语言，便知其是什么学科。语言既是形式，又是内容，它不只是外壳，不只是表达。

语言修养是人生修养中最重要的成分。

文如其人，这个“文”，可以是其人的文章、著作，也可以是他日常使用的话语，包括生活语言和工作语言。反过来还可以说：人如其文。我们既可以从某个人的“文”去看这个人，又可以从这个人来看他的“文”，这是被“文”化了的精神世界。

我们有理由说进入大学之后还是在学习语言，大学也是在教给学生以语言。当然，大学所教、所学的语言也有其特点。一则，这可能是更丰富、更深刻的语言；二则，也可能是更专门、更独特的语言。大学也正是通过这种更深刻、更专门的语言，让人（大学生）获得更好的成长。

世界上现在尚有 6000 多种语言。语言普遍地存在，又以其多样性存在。语言成为一个民族最主要的标志。语言正是以其特殊性和普遍性而与人相伴相随的。语言本身也成了大学专门研习的重要对象。

汉语言就是我们民族文化的基本标志，我们的文化都以汉语言的形式表达出来。

当一名大学生从大学里走出来的时候，他最显著的变化在哪里呢？他们很可能获得了更丰富、更深奥的知识，也很可能对人世间更加满怀深情厚谊，无论如何，他们的语言特征和系统一定都发生了重大变化。那些知识，那种情意，都离不开语言。他们走过了大学，也就是越过了一片浩瀚的语言海洋，受过了语言海洋的洗礼。这就是他们的大学生活。

六、卡西尔的人学

我们讨论了人类史、语言史、教育史，而论史必论起源。人类是怎样起源的呢？语言和教育又是怎样起源的呢？

人类生理上的进化，比如口腔结构的进化，那只是为语言的产生和发展提供条件，为什么在这种条件下会产生语言呢？这个问题不能仅由生理的进化来说明。

因为人的生理结构更完善了，又因为人有意识了，所以语言出现了。然而，人为什么会有意识呢？人的意识是怎样起源的呢？不弄清楚这一点，也就还没有把语言的起源完全说清楚。

宇宙的起源，人及其意识的起源，是人类探索的两大难题。或者说，宇宙是从哪里来的，我们人是从哪里来的，是我们最关切的两大基本问题。

如今，对于宇宙是从哪里来的问题，已有康德的猜想。可是，对于人的起源、意识的起源，都还没有令人满意的回答。

当然，人们不会甘心这种状况。科学家们、哲学家们都在继续探讨着、追寻着。

大凡真正的哲学家都会思考人，不少哲学家以人为基本对象，不只是起源，不只是人从何处来这类基本问题。对人的思考，还有一个根本问题：人是什么？并且，“划分苏格拉底和前苏格拉底思想的标志恰恰是在人的问题上”[①]。

杰出的德国哲学家卡西尔亦必受到苏格拉底的启示，他本人的成就也是令人尊敬的。我们几乎可以把这种尊敬传递给盛产哲学家的德国，传递给充满哲学思维习惯和精神的德意志民族。

卡西尔的《人论》是这方面的经典著作，在这一著作中，卡西尔“把人定义为符号的动物”，亦即，人是语言的动物。

---

① ［德］卡西尔. 人论［M］. 甘阳译. 上海：上海译文出版社，2004：7.

卡西尔把语言分为感情语言和命题语言，并认为命题语言与感情语言之间的区别，就是人类世界与动物世界的真正分界线。

情感属于精神世界，然而，命题反映了更丰富更深刻的精神生活。真正的精神世界只存在于人类，语言于其中扮演了关键的角色，它不只是起承载作用的。

有人说，语言是思维的工具。其实，语言不只是被利用的工具。语言本身是有活力的。智慧的人创造了语言，语言也能给人以智慧。

我们的汉语言文字充分展现了我们民族的智慧，我们祖先的智慧。当我们今人能很好掌握和运用这种文字时，我们也可获得无穷的智慧。

语言是和我们的生命联系在一起。我们在体味、丰富和发展自己的语言时，我们的生命也就在丰富着、发展着、壮实着。

人的思想可以达到无限；人离世了，精神却活着，这就是永恒。孔子离我们远去了，却还活在我们中间；亚里士多德也离开我们两千多年了，他的思想还在我们身边。区别就在于，世间只是一个物质世界，而人间有一个精神世界。

语言，尤其是广义的语言，能最有效地把这个具有永恒性的精神世界记载下来。因而，承载了这种永恒的精神世界的语言本身也是永恒的。

七、史与实

哲学是什么，只有哲学史才能说清楚并提供线索与答案。这就是关于哲学的史与实的关系。仿此，我们似乎可以说："什么是语言，只有语言史才能说清楚并提供线索与答案。"

甚至，一切尽在历史中，不仅千万种学科在历史中，千万种人类活动也在历史中。这使我们进一步知道，哲学家应当是哲学史家；语言学家应当是语言史学家；数学家应当是数学史学家；教育家应当是教育史学家……

我们已经看到，人类史、语言史、教育史之间紧密的联系。历史让我们更好地理解今天，历史能让我们知道：我们从哪里来？我们怎样生活着？我们将到哪里去？作为人，谁不希望弄明白自己？而《人论》这一类著作就是回答这种问题的著作，谁不想看看？

从根本上说，语言史、教育史、哲学史、宗教史、科学史、艺术史等，都是人史。因而，我们从事教育的这些人，不仅需要知晓教育史，而且需要明白许多相关的史学。

人学与教育学

教育学到底属于哪一类学科?

人文科学，社会科学还是自然科学? 我在《教育研究》上发表过一篇文章:《教育学属于人文科学》。有人发文章反驳，我认为反驳是没什么道理的，不可能所有人都赞同我的文章。有人反对我的文章，有各种不同观点的人关注，这让我很高兴。

有一种观点认为，人在社会之中，所以人文科学也是社会科学。按照这种观点，社会也在自然之中，那社会科学也变成自然科学了。人也在自然之中，按此逻辑，人文科学也是自然科学了。但是这个逻辑好像说不过去。

还有人认为世界上只有两类学科:社会科学和自然科学，排除了人文科学。这个影响很大，影响到中国学界。现在一般大学的学报，只有社会科学版和自然科学版，没有人文科学版。科学院也只有两种:一是中国科学院，即自然科学院;一是中国社会科学院，却没有中国人文科学院，一系列的影响产生了。

在讲只有自然科学和社会科学的时候，我们可以问思维科学属于哪一类? 思维科学的具体名字叫逻辑学，包括形式逻辑和辩证逻辑两个方面。两者都是讲思维的，形式逻辑是讲“一是一，二是二”;辩证逻辑是讲“一有时候不是一，二有时候不是二”。那逻辑学是社会科学吗? 跟社会科学没关系，更不是自然科学。所以把科学只划分为自然科学和社会科学是不对的。

科学就只有人文科学、社会科学、自然科学三大类吗? 还有别的没? 现在我们要问数学属于哪一类科学? 数学谁都不属于。数学既不属于社会科学，也不属于自然科学。数学描述自然，但数学也描述社会，描述社会各种各样的现象，也描述人的现象，描述历史也可以，更不用说描述社会现象的运行，比如说经济和管理，都可用到数学描述。如果数学描述自然科学就认为它属于自然科学，那么按照同样的道理，它也属于社会科学。其实它都不属于，它只是描述而已。它也不属于人文科学。

数学来自哪里? 比如说几何从哪里来? 有人说尼罗河经常泛滥，泛滥后需要反复测量，这样就产生了几何。那我们的黄河也是泛滥区，为什么就没有产生几何学呢? 这种解释是很可笑的。

数学是来自人的心灵，它不来自自然，不来自社会。历史可以证明。比如说古希腊人把数学看成哲学，而哲学与自然科学无直接关系。从古希腊哲学家一直到近代的笛卡儿，都认为世界是一本书，宇宙是一本书，而这本书是由数学写成的。他们有着如此的信仰，他们这样看重数学，那不只是数学能用来描述自然和社会。数学中有无数的定律和公式，它没有具体的对象。我们经常提数学的模型。曾经有个故事，说大学讲微积分时，到处去找微积分，但是到处都找不到微积分在哪里。微积分只在思辨中存在。

“数学是人文的近亲。”近亲反过来说就是“亲近”，就是亲戚了，就是说关系很亲密。数学跟自然也亲，但没那么近，跟社会也不近。数学是撇开所有具体对象的。

反驳者认为：教育学不属于人文科学，属于综合科学。我认为，他们弄错了概念。因为在学科目录里面没有综合科学，综合科学属于哪一类啊？好多学科都带有综合性，教育学也带有综合性，政治学、经济学、管理学都有综合性。还有许多交叉学科，它们都不属于基本学科的范畴。把教育学说成是那样的学科，是把教育学从基本学科里面剔除了，这是一种非常不恰当的说法。

正式的学科目录上没有“人学”，教育学在目录上是有的。“人学”从字面上理解是“关于人的学问”，它的范畴非常宽。世界上只有两类学科，一类是关于物质的学问，一类是关于精神的学问。换句话说，一类是关于宇宙的学问，一类是关于人的学问。可以考虑一个问题，哪一类学问我们研究起来更困难？

宇宙起源的问题，尽管很难，但现在已很清楚，基本弄明白了。有了希格斯的学说，就清楚了。人是怎么起源的，我们还是完全不清楚。从结果来看吧，一个研究非常困难，但是结果非常清楚；另一个似乎不难，但是结果完全不清楚。人从何而来？人的意识从何而来？还远没有弄清楚。你也可以说人是一个小宇宙。大宇宙搞清楚了，小宇宙仍然没弄明白。“人是一个小宇宙”，这是雅斯贝尔斯说的。

宇宙从何而来？这个问题源于康德的一个猜想，康德的猜想是如何被证明的？最近有人获得诺贝尔物理学奖，是一个英国科学家。著名的“希格斯猜想”认为宇宙起源于一种粒子——“希格斯粒子”，也戏称“上帝粒子”。那个粒子居然被欧洲的一个实验室证明了。找到了这个粒子，一找到就获得了诺贝尔奖。

这就是宇宙从哪里来的，到现在已经基本上弄明白了。人是从哪里来的啊？完全弄不明白。所以说“人学”更困难。

研究人的学说有哪些？“人学”是个很宽泛的范围，我们现在的学科目录上哪些是直接研究人的，哪些是间接研究人的？文学是不是研究人的呢？文学的主体是人。《红楼梦》里就有几百个人。文学主要是描述人的，描述人间悲喜，描述那个奇妙无比的内心世界，而且是永远写不完的。人的内心是如此丰富，文学是永远表达不完的，所以不用担心有一天文学会戛然而止。它是一个无穷的宝库，有取之不尽的素材。“人学”仅在文学领域就已是一个如此浩瀚的海洋。

史学主要研究什么？

史学可以说研究一切。什么都研究，因为“一切都在历史之中”。你研究任何东西，都是在研究历史。

我跟历史学的教授讨论过，我说史学的主要内容是讲人的历史，这一点大家都赞同。历史学主要是写人的历史，主要是人物史，而且主要是英雄史，当然还有“坏蛋史”。

历史学教授无一不认为史学主要是研究人的，也就是“唯心史”，就是研究人的“心”是如何跳动的。这是史学。

现在说哲学。哲学之中有自然哲学，或科学哲学。这个哲学不是研究人的，是人去研究的，但对象不是人。哲学究竟是研究自然，研究人，还是研究社会啊？语言哲学是属于哪一大类的哲学？逻辑学也算哲学，它属于哪一类哲学？这都是关于人的哲学。

哲学主要研究的肯定是人。概括一下就是，文史哲的主体部分都是研究人的，从不同的方面来研究人。从历史研究人的是史学，从精神层面描述人的是文学，从万种不同的角度研究人的，这就是哲学。哲学在古希腊是很宽的，心理学、物理学在古希腊都有，但全都属于哲学，后来分离出来了。到了 1899 年冯特创立实验心理学，心理学便从哲学的母体分离出来了。物理学出了牛顿以后，也从哲学中分离出来了，独立成学科。以前都属于哲学的范畴，都是哲思的结果。物理学出了牛顿，大家都知道牛顿是科学家、数学家，还有什么家啊？他也是哲学家，很了不起的哲学家，他把他的学说称为自然哲学。

哲学并不是一个给人以结论的科学。它给人以什么呢？它不告诉你结论，它不告诉你因果在哪里。它告诉你什么呢？

哲学的“哲”在汉字里是一个“折”字加个“口”字，曲曲折折地说话，就是哲学。“哲”字还有一个写法，就是两个“吉”字，“吉利”的“吉”，“开门大吉”的“吉”。“喆”是什么意思呢？士是士大夫，读书人，知识分子，“喆”就两个知识分子吵架、辩论，这就是哲学。这是我对“哲”或

"喆"的一种阐释。

文史哲就是研究人的，那么教育学主要是研究人的还是研究别的什么东西？

我所写的教育哲学肯定要问"教育是什么"，而不问"什么是教育"。这两个问题有什么区别呢？为什么一个比较容易回答，一个比较难回答呢？当你回答"什么是……"的时候，一般从外延方面回答。譬如说"什么是人"，你是人，他是人，王五是人，张三也是人，这种回答就是从外延方面回答的。第二个问题，回答"人是什么"，你必须从内涵方面去回答，而内涵的把握相对来讲要困难些。这两个问题的区别就在这个地方。一个是从外延回答，一个是从内涵回答。

我充分地描述了人的特性，来回答人是什么。要讲最基本的特性，更一般的特性。我在我的著作里面讲了五个特性。首先人有一种自生性，自己生长；人有自增性，自己增长；人有自语性，人自己为自己创造语言；人有反身性；人有自美性。

人是什么呢？具有这样五种特性的生命体就是人。

在2010年，我出了本书叫《教育基本原理》，副标题是"基于公理的教育学"。我基本上都是在讲"人"，我的一些老朋友看到这本书以后，告诉我说这本书就是本哲学书。我在书中提到了五条公理，我把它们叫作"教育公理"，事实上在很多人看来就是"人学公理"。我现在也这样看，我讲的这五条公理就是人学公理，而不只是教育学公理。它们分别叫作潜在公理，能动公理，反身公理，美学公理，中介公理。

潜在公理是说人身上有一种种子，是藏着的。

能动公理是讲种子可以开发出来，是可以萌动的，是可以发展出来的。

第三条公理叫作反身公理，第四条公理叫作美学公理，第五条叫作中介公理。我着重解释第三、四两条公理。

反身公理是什么意思呢？就是人有很特别的一点，他能够反身。这个反身就涉及人有几个我的问题。弗洛伊德是讲三个我：本我、自我、超我。但另外一种分法就是说两个我。哪两个我呢？一个是实实在在的我，也就是实我。然后，还有一个是意识中的我，就是意识中的"我"跟实际中的"我"是可能一样也可能不一样的。

冯友兰说人有四种境界，自然境界、功利境界、道德境界、天地境界；也可以说是四种我，自然我、功利我、道德我、天地我。

我再用一个学术术语来讲，就是人自己可以成为自己的对象，自己可以成为自己意识的对象。简而言之，就是"自我对象化"。自我对象化了，这是一个意思。反身的另一方面的意思就是说对象自我化。

对象自我化是什么意思呢？ 大家都很熟悉的一个句子，叫作文如其人。说你的文章，就跟你自己是一样的。 文章是你的作品，算是你的对象。 从文章中就可以看到你。 或者说，你把你自己放在作品中了，你把你自己放在对象中了，这个叫什么呢？ 这个叫对象自我化。

自我对象化了，然后你的对象呢，你的作品呢，也自我化了，也就是对象自我化了。 这就是反身，它包括两方面。

美学公理也包含五条，就是在美学里面我有五句话，我将其写成了五条。

第一条，人是美的存在，或者说，人本身是美的存在，这是第一。 最美的生命体是谁呀？ 是人。

人是最美的，人有共同的尺度。 古希腊就有一个说法，叫黄金分割。黄金分割什么意思呢。 就是说，有一个比例，这个比例就是 0.618，这是最美丽的，又叫黄金比。 古希腊的建筑物很多是按这个比例做的。

一般人的面部，比较漂亮的比例是 0.618。

第二条，人是为美而存在的。 为美而存在，通俗地说就是人是为美而活着的。

第三条，人是主观美和客观美的统一。 在美学里，对于美有两种不同的观点。 一种是认为美是客观的，一种认为美是主观的。 比方说，“情人眼里出西施”，这个就有主观成分。

然而，也有客观的，像人体。 人是一种主观美和客观美的统一。 这是所说的第三个观点。

第四个观点，人是为美而引领的。 人的一切活动当中，美都是引导你的，或者换一个说法，美学的动力是你各项事业的基本动力。 这个可有大量的历史证明，包括很多科学家的行为，他们都追求美，而且有一种唯美主义。 一些科学家是因追求美而取得巨大成就的。

第五条，人也去创造美。 就是人不只是欣赏、追求、寻找、发现美，而且他创造美。

美学是人学里面最重要的一块。 它也属于我的人学公理里的一条，美学公理。

中介公理是说人是群居当中的主体，他是跟环境有交往的，或叫环境公理。 人总是生活于一定环境中的，这个环境可以是自然环境，也可以是社会环境，包括家庭环境。 这是第五条公理。

世界上真正的哲学家，一定研究人学，我特别欣赏的一位德国哲学家叫卡西尔，他有本书叫《人论》。 他那本书写得非常好，但他也有片面性，一个哲学家往往会有片面性，这不足怪。

教育学属于人文科学

物理学、天文学、化学等属于自然科学；法律学、社会学、政治学等属于社会科学；美术学、音乐学、文学等属于人文科学。这些都是没有疑问的，教育学属于哪一类科学呢？属于社会科学，还是属于人文科学呢？我曾以此询问学生，也询问过同行，几乎是异口同声地回答："属于社会科学。"不少学术论著也是这样说的。本文将对这种看法进行讨论。

一、人文科学的含义与意义

《哲学大辞典》对"人文科学"做了这样的界定：人文科学"源于拉丁文humantitas，意为人性、教养。""起源于古罗马西塞罗提出的培养雄辩家的教育纲领；后转变为中世纪基督教的基础教育，包括数学、语言学、历史、哲学和其他学科；文艺复兴时期，广义指与神学相对立的研究世俗文化的学问，主要研究语法、修辞、诗学、历史与道德；狭义指希腊语言、拉丁语言研究与古典文学的研究。"①

把数学列入人文科学，这一点很引人注目。这很可能是继承了古希腊人的观点，数学并不只是用以描述自然的，数学被认为是一种宇宙观，同时又被认为是人心灵的科学，那时是"把数学充当哲学"的。因而，中世纪时仍视数学为人文科学。

与《哲学大辞典》主要从外延上去界定不同，《中国大百科全书》从内涵上对人文科学做了描述：人文科学即"研究人类的信仰、情感、道德和美感等的各门科学的总称"。按照这一界定，那么，除了《哲学大辞典》所列的语言学、语法、修辞、文学、史学、哲学外，还应有一些学科也属人文科学。例如，与信仰相应的有宗教学；与情感（应当也有意志、认知等）相应的有心理学（尤其是人格心理学、认知心理学）；与美感相应的就应当有美学、音乐学、美术学、戏剧学等学科；与道德（哲学辞典也提到了）相应的则有伦理学等，这都属于人文科学。

以人性、教养，以人的情感、美感、信仰、道德、思维为研究对象的即人文科学，可以简而言之，人文科学乃直接以人为对象，着重是以人的文化

① 冯契.哲学大辞典［M］.上海：上海辞书出版社，1992：23.

面、精神面为对象的科学。

它明显地与自然科学（包括作为自然科学之一的人的生理科学）相区别，也明显地与社会科学相区别。社会科学是“研究各种社会现象、社会运动变化及发展规律的各门科学的总称”。

社会在自然之中，但社会科学并非自然科学；人在社会之中，人文科学并非社会科学；犹如地球在太阳系之中，地球并非太阳。相互关联的东西，因为相互区别而相互关联，相区别是前提。

人文科学不仅有其独立的含义，也有其独特的意义，尤其在教育之中。

古希腊教育中的“七艺”，实际上是以人文科学为主体的。文法、修辞、辩证法、音乐，直至今日都是主要的人文学科，并且，已如前面所提出的那样，作为数学的算术、几何也是“充当哲学”的。直到中世纪，“七艺”的内容在大的格局上并没有变化。

辩证法是什么呢？“认识到思维自身的本性即为辩证法”[①]。毫无疑问，辩证法是关于人的思维的科学，是比形式逻辑更为高级的思维科学，它与社会特性、阶级特性无关。辩证法连同形式逻辑都属于人文科学。由此，我们可进一步明白“七艺”的性质。

形而上学，整个哲学，是概括在方法里面的。辩证法在哲学中的地位，使我们更容易明白，从整体上说哲学是属于人文科学的。因而，无论是《哲学大辞典》，还是《大百科全书》，都是将哲学列入人文科学的，虽然也有政治哲学、社会哲学，但这在哲学体系中是很小的一部分，并且它们是哲学而非政治学或社会学。辩证法、哲学，堪称人文科学的代表。

从古希腊到中世纪，再到文艺复兴，人文科学及其在教育中的地位进一步上扬了。实际上，文艺复兴就是人的一次解放，也是人文科学的解放，人文主义作为一种哲学思潮也就在那时兴起，这也象征着人文科学地位的一次大提升。

大学从中世纪诞生之时起，就设有四院：文学院、神学院、法学院、医学院，并且文学院居于首位。到了 19 世纪初建立的柏林大学，文学院即为哲学院，且赋予哲学院以中心地位。

直到现在，世界顶尖大学不仅设有人文学院（尤以文学院为代表），并且它在大学之中享有崇高的地位。这种地位不只是一个名义，不只是有其历史渊源，而且有其深刻的现实意义。

加州理工学院（CIT），由其校名看，似乎它主要是理工类的，是崇尚科

① ［德］黑格尔. 小逻辑［M］. 贺麟译. 北京：商务印书馆，1980：51.

学技术的，然而，它就有强大的人文，其280位院士中，就有80位人文科学院士（注：美国不仅有科学院士、工程院士，也有人文科学院士）。中国著名的科学家钱学森即受教于CIT，同时，也深受CIT的人文熏陶。

优秀的教育家们不仅明白人文教育是人才培养的根本保障，也是发展科学所不可缺少的保障因素。因为人文科学及其相应的人文课程，不仅给人以做人的德性，而且也给人以做学问的智性，不仅教人成为人，而且给人智慧，成为更智慧的人。

中国近半个多世纪的历史也是很说明问题的。在20世纪50年代开始后的20多年里，人文课程曾被大大削弱，有的甚至被取消，而只保留和看重社会课程、政治课程及一部分自然科学课程。在1978年之后，人文课程得以恢复和发展；到90年代，又兴起了一个加强人文教育的高潮，人文课程的地位大幅提高。在中小学叫作素质教育，在大学，就叫作人文素质教育，并且就是以大力加强人文课程教育为切入口的。这一曲折表明，中国对人文教育有了切实的关注。

二、教育的特性、功能与使命

从总体上说，教育学究竟是属于社会科学，还是属于人文科学？为了回答这个问题，我们还得讨论一下教育作为人类的活动，它的特性是什么，它的基本使命是什么，它的功能是什么。

首先，我们指出，教育不是任何别的东西的产物，它是人的产物。历史可以有力地证明这一点。

以宗教而言，现在的三大宗教之中，最早的佛教也只有两千多年历史。

经济的存在，大约也只三千年左右。没有剩余、没有流通的农业经济，据考古学家推断，约产生于距今一万年前的新石器时代。

至于政治，若论政党政治，那么，世界上最早的政党——英国保守党至今也不过300年。若以阶级社会的出现为标志，那么，也不过5000年左右的历史。

可是，教育比这一切的历史都要悠久得多。文明史若以文字的出现为起始，那么就只有五六千年历史。若教育与人的出现同时出现，则教育就有680万至700万年的历史了。在文字语言出现之前，人已有了有声语言，这个历史约200万年。可以更确切地说，正式的教育至少开始于200万年前。

这一历史清晰地表明，教育直接源于人及人的语言。社会政治、社会经济以及宗教之类，是大大晚生于语言的，因而也大大晚生于教育。教育怎么会是社会经济、政治之类的产物呢？

现实的说明，理论的判断，还可以进一步阐明教育是人的直接产物。

如今，年过 60 的人去拿博士学位，年过 90 的人还念大学，这都表明教育现象只要与人的生命现象相联系就足以发生，教育是基于人本身的意义而发生的。

简单地考查一下艺术的产生，也可以帮助我们理解教育。人类艺术已有三万年以上的历史。这一事实表明了艺术与教育类似，它产生于人自身的需要。直至今日，对于艺术的这种基本性格，依然可以明显地看到。绘画与歌唱所直接体现的，是人生的意义。

有了语言，必然会有教育，这一点很好理解。进一步要问“人为什么会产生语言呢？”。更一般的问题是：人为何因有大脑而可能有教育呢？这些问题的答案在哪里呢？

答案仍然在人自己身上。

一方面，按夸美纽斯的话来说，学问、德行和虔信，这三者的“种子自然存在我们身上”[①]；按康德的说法，“人生来具有许多未发展的胚芽”[②]；按马克思的说法，人具有自然力、生命力，并作为天赋和才能存在于人身上。

另一方面，这些力量又是能动的自然存在物，是可萌芽、可发展的。

综合起来，正是这两方面构成了教育产生和形成的基础。

教育产生之后，最初的、最简单也最基本的职能就是传递人类的经验（由狭义的到广义的）。教育的功能则不断扩展。

促进人的发展，促进社会的发展，促进经济的发展，构成了教育多方面的功能。然而，促进经济和社会发展的功能是后天的、衍生的、间接发生的，与教育的关系是非对称性的。刀耕火种的时代，对教育并无多求；到了农业时代，则对教育有所求了；到了工业时代，对教育所求者猛增；至于现今的信息生产时代，则更是越来越依赖于教育。整个历史表明，教育是主动的。

教育的这种主动性来源于它把人的发展作为自己基本的功能，其他功能，如经济发展的功能，社会发展的功能，都是基于人的发展的，教育的经济和社会功能都基于教育所实现的基本功能。

教育让人成为人，成为更智慧、更有能力、更高尚的人，教育的这一崇高使命，决定了它伟大的功能。

教育拥有如此巨大的功能，社会当然会注目于它。然而，社会和代表社会的政府对于教育意义的认识一般是滞后的。艺术，教育，它们的根在民间。

---

① ［捷］夸美纽斯. 大教学论［M］. 傅任敢译. 北京：教育科学出版社，1999：13.

② 任钟印. 世界教育名著通览［M］. 武汉：湖北教育出版社，1994：499.

社会对教育采取消极或积极的态度，取决于社会所达到的觉悟程度、文明程度，而衡量社会文明的尺度正是教育。虽然说衡量社会状况的根本尺度在人，可是，最有资格代表人发挥这一尺度作用的是教育。

总之，教育乃人的教育，它来自人自身，又为着人自身，发展人自身，教育崇高而伟大的社会功能，都基于此，都是由此演绎出来的。

三、教育学研究什么

教育乃人的教育，不是由社会状况来衡量教育，而是由教育状况来衡量社会。“教育决定一个时代、一个人和一个民族的精神面貌这一曾经风靡一时的观点，是毋庸置疑的。”[①]由此，我们似乎可以对研究有关教育的学问——教育学究竟属于哪一类科学的问题，做出一个回答了。但是，我们还要继续讨论一下教育学研究些什么的问题，在进行这番讨论后，回过头来再回答可能更好一些。

什么是教育学呢？《教育大辞典》认为教育学是“研究人类教育现象及其一般规律的学科”[②]。简言之，教育学即研究教育的学问。具体来说，教育学涉及哪些基本内容呢？

杜威说，“教育必须从心理学上探索……能量、兴趣和习惯开始”[③]；“除非我们不断地注意到个人的能力、爱好和兴趣——也就是说，除非我们把教育不断地变成心理学名词，这种适应是不可能达到的”。[④]很明显，在与教育学相关的所有学问中，排第一位的是心理学，当然也是最重要的基础学问。

心理学，即关于人的心理的学问，为什么这样重要呢？为什么教育学要不断地变成心理学名词呢？

人为什么能够教育？为什么需要教育？人是怎样思维着的？人按照什么特点在接受知识？人通过什么样的过程感受世界、感受文化？兴趣、爱好、习惯在受教育的过程中起怎样的作用？人的能力是怎样形成的？人的聪明程度是如何提高的？人的个性在教育成长中有什么意义？乃至于，人怎样记忆、怎样理解、怎样询问、怎样调节、怎样坚持……所有这些，都是教育要研究的问题，同时，又都离不开心理学去寻求答案。

教育学研究许多问题，其中一个基础性的问题归结为“什么是教育”。然而，“什么是教育”的问题又可归结为“什么是人”的问题。因而，在很

---

① ［德］雅斯贝尔斯. 什么是教育［M］. 邹进译. 北京：生活·读书·新知三联书店，1991：64.

② 顾明远. 教育大辞典［M］. 上海：上海教育出版社，1998：789.

③ ［美］杜威. 我的教育信条［M］. 王承绪译. 武汉：湖北教育出版社，1994：1073.

④ ［美］杜威. 我的教育信条［M］. 王承绪译. 武汉：湖北教育出版社，1994：1073.

程度上，可以说教育学就是人学。我们通过人学去研究教育学，又通过教育学去研究人学。

马克思有一种十分深刻的分析，人能“使自己的生命活动本身变成自己意志的和意识的对象”[①]。这不仅指明了人的根本特征，也指出了教育存在的根据。

人能以自己生命的意志和意识作用于自己的生命活动，并在这一作用下获得新的生命。教育学所常说的让人成为人，让人学会做人，实际上也就是通过生命活动使自己获得新生命。马克思的话也为教育学提供了思路。

不必以为对教育的这种认识只存在于哲学或教育哲学之中。事实上，普通百姓在送自己小孩上学时就明白，这是为了让他长大成人，学会做人，以便让自己的小孩像个人样。教育学的深刻原理也存在于质朴的平民心目中。

“既然学习就是即将知道，它便包含从无知到智慧的过渡，从缺乏到充足的过渡，从缺陷到完善的过渡，用希腊人的表达方法，就是从无生命到有生命的过渡。”[②]从无生命到有生命，从生命到新的生命，这都是关于教育学的生命论述。教育理论比生命哲学更早，并且就是从教育自身来说明生命哲学的。这也印证了杜威关于“哲学甚至可以解释为教育的一般理论”[③]的说法，教育学用不着解释为哲学，倒是哲学应忠实地从教育学得到解释，原因就在于，它们同以人为根本，而教育学有更高的自觉。

教育及其相关的学问——教育学肩负的使命是崇高的，神圣的，同时，又是困难的，艰深的。

“人类的一切知识中最有用、但最不完善的知识就是关于人的知识。”[④]当人的知识还很不完善时，教育学知识的进一步完善就缺乏基础。教育学不能消极等待其他学科对于人的知识的研究成果的涌现，自己也应进入关于人的知识的研究。关于人的知识，除了最有用、最不完善外，可能还要加上一个“最”：最不容易获得。所以，教育学只能毅然决然地做出选择，让自己投入到对这一知识的研究洪流中去。实际上，这仍然是让我们回到古希腊圣哲的那句“认识你自己”上去。

人的知识，亦即关于人的科学，亦即人文科学，至今还在艰难地行进中，这都源于人的神圣，又源于人的神秘。教育学就在这神秘而又神圣的人文科学行列。

---

① 中共中央马克思恩格斯列宁斯大林著作编译局. 马克思恩格斯选集（第一卷）[M]. 北京：人民出版社，2012：137，46，67，81，59，16，10，294.

② [美]杜威. 民主主义与教育[M]. 王承绪译. 北京：人民教育出版社，2001：349，347.

③ [美]杜威. 民主主义与教育[M]. 王承绪译. 北京：人民教育出版社，2001：349，347.

④ [法]卢梭. 论人类不平等的起源和基础[M]. 北京：商务印书馆，1962：12.

实际上，与人类关于自然的认识、关于社会的认识相比，人类关于人自身的认识是更为欠缺的。

人们常说，在近几个世纪里，人类创造了无数的奇迹。这一切所反映的正是人的奇迹，反映的正是人本身的神奇。

与经济学、政治学、法律学、管理学相比，教育学毫无疑问地更靠近人。教育学的生命力是直接源于人的生命力的。因而，教育学不仅是更重要的学问，也是更艰深的学问。

在前文中，我们初步地说明人文科学的含义及其无可比拟的价值。这里，我们进一步说明了教育学属于人文科学的充分理由，并且，也由此更加清晰地了解教育学的艰深及其重大意义。

不是因为人文科学特别重要，所以教育学才属于它，而是因为教育学本属于它，所以教育学当然也特别重要；也不是因为教育学重要而属于人文科学，而是因为教育学本属于人文科学，教育学本很重要。

四、最早的教育学著作写些什么

“一般认为，作为一门独立学科的教育学的产生，以捷克教育家夸美纽斯 1632 年写成的《大教学论》为标志。”[①]我们在此稍详一点叙述这一著作的内容。

1. 教育的可能性

这本教育学著作是奠定在什么基础上的呢？它的出发点（或逻辑起点）在哪里呢？

这个起点就是人，教育是从人出发的，以人为根基的。为什么人能够成为教育的逻辑起点呢？这是因为“人是造物中最崇高、最完善、最美好的”。[②]他引用辛尼加的话说：“一切艺术的种子都已种在我们的身上。”[③]并且，“哲学家把人叫作小宇宙或宇宙的缩型”[④]，“人心的能量是无限的”[⑤]。人的天赋的广袤与无限，就构成了教育存在的基础。

2. 教育的必要性

人具有可成为人的一切，然而，“假若要形成人，就必须由教育去形成”，虽然“知识、德行和虔信的种子是天生在我们身上；但是实际的知识、德行和虔信却没有这样给我们。这是应该从祈祷、从教育、从行动去取得

① 顾明远.教育大辞典［M］.上海：上海教育出版社，1998：789，790.

② ［捷］夸美纽斯.大教学论［M］.傅任敢译.北京：教育科学出版社，1999：1.

③ ［捷］夸美纽斯.大教学论［M］.傅任敢译.北京：教育科学出版社，1999：16.

④ ［捷］夸美纽斯.大教学论［M］.傅任敢译.北京：教育科学出版社，1999：15.

⑤ ［捷］夸美纽斯.大教学论［M］.傅任敢译.北京：教育科学出版社，1999：14.

的"[①]。这就是教育的必要性根据。

3. 教育的目的

这个目的，在开章明义时就写得很明白：教育是"把一切事物教给一切人们的全部艺术"，是教人们"去学会现世和来生所需要的一切事项"，使人们"可以减少黑暗、烦恼、倾轧，增加光明、整饬、和平与宁静""多具闲暇、快乐和坚实的进步"[②]。更直接的目的就是让人"延长生命"，而只要"人生是充实的，人生就是长久的"，教育也就是让我们"懂得最好地利用我们的生命的艺术"[③]。

4. 教育的原则

中国学者十分熟悉凯洛夫原则体系。这个体系之中的直观性原则、巩固性原则、系统性原则、量力性原则、自觉性原则，是基于对人的思维规律的认识的，事实上，也是比较合乎一般认识论的。可是，凯洛夫所提出的这些原则，其初始原型在夸美纽斯的《大教学论》里几乎都可以找到，有些方面甚至有更详尽、更具体的论述。

夸美纽斯的教学原则十分完整和细致，总共有 37 条之多，还涉及我们今天仍然强调的从实际生活出发、注意与实践结合等思想原则。

5. 教育的方法

《大教学论》有五章（第 20—24 章）是专门讲述教学方法的，其内容包括了我们今天称为学科教学论（或学科教育学）的好几个分支。其实，在叙述教学原则之时，许多地方也有关于教育方法的内容。大体上我们可以这样看，这些方法既体现了对不同学科特点的认识，更体现了对人的思维、对人的心理的认识。总之，这些方法是基于对人自身的深切理解的。

从以上几个基本的方面所做的介绍和分析看，这部具有开创意义的教育学著作，是基于对人的全方位的认识和理解，从人自身的特性（亦称为人性）出发，又为着人的发展，以人自身的完善、完美为皈依。因此，这是一部经典的人文科学类的著作。

文艺复兴是人从神那里解放出来的时代，夸美纽斯却经常提到上帝。然而，他说："人要成为上帝的形象，就要像他的原型一般完美。""人的终极目标是与上帝共享永恒的幸福。"[④]由此，毋宁说这就是把神还原为人，使人获得了至高无上的地位。这不正表明这部教育学也象征着人文主义的胜利

---

① ［捷］夸美纽斯. 大教学论［M］. 傅任敢译. 北京：教育科学出版社，1999：24.

② ［捷］夸美纽斯. 大教学论［M］. 傅任敢译. 北京：教育科学出版社，1999：1—2.

③ ［捷］夸美纽斯. 大教学论［M］. 傅任敢译. 北京：教育科学出版社，1999：69—74.

④ ［捷］夸美纽斯. 大教学论［M］. 傅任敢译. 北京：教育科学出版社，1999：10—11.

吗？ 不也是文艺复兴时期人性大发扬中的一项伟大成果吗？

事实上，从文艺复兴时期人文主义的兴起，到 19 世纪人本主义的出现，这是人类文明史上的重大事件。 文艺复兴时期，是人本思想对于神本思想的一次伟大胜利，而 19 世纪以来，又是人本思想对于物本（表现为科学主义）、皇本（或官本或社会本位主义）的一次伟大胜利。 这样，作为自然之子的人全方位地确立了它应有的地位。

而自夸美纽斯以来的杰出的教育家及其著作，也在这方面洒下了自己的浓墨重彩，让教育学作为人文科学而闪烁着人文主义的光辉。

五、怎样看待教育的社会性

对于这个问题的讨论，可以花上很大的篇幅，但我们只能围绕本文的主题做简单的叙述。

为简明起见，我们引用马克思、恩格斯所说的这样三段话：

——“全部人类历史的第一个前提无疑是有生命的个人的存在”；

——“凡是有某种关系存在的地方，这种关系都是为我而存在的”（这个“我”就是人——引者注）；

——“有一种唯物主义学说，认为人是环境和教育的产物……这种学说忘记了：环境正是由人来改变的”。 也就是说，社会环境是由人生成的，并且是由人去改变、改造、变革的，根据人的需要和意志去改变或改造。

以上三段话，基本上可以说明人与社会的关系。 在马克思的理论中，其社会变革或社会革命的理论可以集中到一句话，即“人的解放”，人“解放成为人”；当社会中存在着“使人成为被侮辱、被奴役、被遗弃和被蔑视的东西的一切关系”时，就“必须推翻”；而“每个人的自由发展是一切人自由发展的条件”，每个人的发展是社会发展的条件。

为人而生成的教育，为人的发展而运行的教育，直接关注的是人；而当它也指向社会时，按照马克思的理论，它也应是促进社会变革（包括社会关系的变革）与进步而将终极目标仍然指向人的。

教育也就直接从人那里获得自己的特性，而不是不加鉴别地从社会那里获得什么特性。 “大学不是风向标，不能什么流行就迎合什么。 大学应不断满足社会的需要，而不是它的欲望。”[①]这段话中的“大学”二字换为“教育”二字依然是十分贴切的。

教育让人去保障一个社会更多地具有人性，而大大减少社会中非人性的东西。 因而，应从人性的视野去审察社会性，而不是盲目地认定那种脱离了

① ［美］弗莱克斯纳. 现代大学论［M］. 徐辉，陈晓菲译. 浙江：浙江教育出版社，2001：3.

人性的社会性，盲目地认定那种抽象或纯粹的社会性。

30 多年来，中国社会的一个伟大进步，就是越来越尊重人了。衡量社会进步的尺度在人那里。社会只有把尊重人落实到一个一个的人身上才是一个根本尺度。自由发展即个性发展，即适合个人的全面发展，这也是我们教育的根本立足点。

教育的基本目标是让人成为他自己，成为更有知识的自己，更智慧的自己，更高尚的自己，这也就是教育对于社会的最大贡献。当每个人都更富于个性时，实质上是更富于创造性，从而整个社会也更富于创造性与活力。

人也就在获得鲜明个性的过程中融入社会，在使自己个性化的过程中社会化。教育也就是通过让人个性化的智慧过程使教育自己也充分融入社会并社会化。所以，教育亦以人为根本尺度来谈论社会化。

人是社会之源，人是源，社会是流；人是社会之本，人是本，社会是末。教育尤其要弄清源流，尤其不能本末倒置。

在教育学的分支中，也出现了教育经济学、教育社会学、教育管理学，这是教育学与一些社会科学的交叉。但从根本性质上讲，这是人文科学与社会科学的交叉。这种现象不仅发生在教育学身上，也发生在其他人文科学上。它们是因为不同于社会科学而与之交叉的。

人文科学甚至与自然科学交叉，例如有语言地理学、拓扑心理学、生态伦理学、教育与脑科学，但这都不妨碍它们作为人文科学的本性。

总之，从教育的历史与现实，从教育的实际与理论，从教育的使命与功能，从教育学自身，都说明教育科学是属于人文科学的。

明确这一点，既有利于教育学作为一门科学的更好发展，同时，也更有利于它作为人文科学而对其他科学与研究发挥更大的作用，有利于它作为人文科学而发挥对其他许多科学门类的引领作用。

六、怎样看待教育也是社会活动这一事实

对于“教育活动是一种社会活动”这句话应当怎样看待呢?

其实，这句话跟“音乐活动是一种社会活动”“文学活动是一种社会活动”是一样的，它并无特别的意义，教育、音乐、文学、艺术等活动都在社会中进行。但是，这句话跟“政治活动是一种社会活动”“商业活动是一种社会活动”是不一样的，政治、商业同样也在社会中，但这类活动在性质上与教育活动是不一样的。

不同在哪里呢? 政治问题的核心是权力，商业问题的核心是利润。教育问题的核心是什么呢? 是人本身的发展。尽管教育对社会的发展、经济的发展作用也非常大，但这都是基于人的发展的。

虽都是社会活动，但实质上很不一样，不能因为是社会活动而都被称为社会科学。 教育、艺术也是社会活动，当然也不能因此而称之为社会科学。

教育活动是由政府来管理的，这一事实能否说明教育是社会科学呢？ 不同的政府所管辖的内容并不都是相同的，有的管得特别多，有的管得相对较少。 能够把凡属政府管理的活动的相关学科都划归社会科学吗？ 如果政府也管戏剧，戏剧就属于社会科学了吗？ 如果政府也管医疗，医学也属社会科学了吗？

教育的某些方面也与权力相关，有些也与功利有关，例如教育政策、教育财政。 对于这些问题的研究当然可视为社会科学范畴。 然而，教育财政学、教育政策学只是教育学这个大家庭中的一个成员、一个方面，而更多的方面是与权力、利润之类无关的。

以人为出发点，以关于人的哲学为理论基础，并归结到人自身的发展，这就是教育学。 如此的学科难道还不属于人文科学吗？

关于教育学的属性问题

我曾讨论过教育学的属性。现在看来，这仍是有必要进一步探讨的问题。

一、几个史实

首先来关注一下有关的历史背景。

相对而言，作为一门独立的学科，教育学的出现是比较晚的。中国古代和古希腊的思想家们早已关注到教育，并对其有许多精辟的阐述，但不能说已建立了正式的专门的教育学。

现在，世界上普遍认可的系统的教育学理论著作的产生，是以捷克教育家夸美纽斯的《大教学论》为标志的。虽然这已是17世纪的事了，至今亦不过三百多年。

但是，哲学、心理学、伦理学、政治学、数学、物理学……都有两千年以上历史。

对科学门类的划分，早在中世纪之前就有过了。在那时候的划分之中尚不见教育学的踪影。

有一个明显的史实和问题是：教育现象、教育活动至少跟文明史一样古老，可是，为什么教育学那样年轻呢？甚至，为什么有的人还对教育学作为独立学科的地位持怀疑态度呢？质疑在于：你有自己专属的术语系统吗？你有自己完备的逻辑体系吗？这些问题，在有了《大教学论》之后并没有完全消除。

二、一个不合逻辑的逻辑

有人说，人是在社会之中的，所以，关于人的科学也属于社会科学。

按此逻辑，社会是在自然之中的，所以，关于社会的科学也属于自然科学了。人也在自然之中，所以，关于人的科学也属于自然科学。于是，我们就只有一门科学了：自然科学。

按照这种逻辑，还可推导出更荒谬的结论来：我们的一切都在宇宙之中，因而，一切的科学都是宇宙科学。这样，就只有一门科学了：宇宙学。

相比而言，为什么语言学、文艺学、伦理学这样的学科没有陷入这种逻辑怪圈呢？语言也在社会之中，语言之中有许多直接表达社会现象的词语，能因此而说语言学属于社会科学吗？

教育是社会中的一种活动，能由此断定教育学是社会科学吗？ 文艺也是社会中的一种活动，能由此而断言文艺学也是社会科学吗？ 人的几乎所有活动都在社会中进行，其相关学科都是社会科学吗？ 这样，还有没有人文科学呢？

三、人文教育的弱势地位

从 20 世纪 50 年代以来，中国大学的教育中，人文教育的境遇可以说是十分弱势。 面对大学人文教育长期被忽视的严重局面，教育界的有识之士，于 80 年代中期之后大力恢复人文课程的教育。 在提出大学素质教育时，就叫作人文素质教育。 有些人很赞成和支持加强这种教育，却担心“人文”一词有西方色彩，故而称为文化素质教育。 其实，人文与文化两词之间有明显的差别，人文一词早在中国古代即已出现，而非西方专属。

四、人文科学不只是弱势

中国只有两个科学院，一个是中国科学院，一个是中国社会科学院，前者就是自然科学院。 在许多大学里，学报也只是两种，一种是自然科学版，一种是社会科学版。

只有社会与自然，没有人，没有关于人的科学，没有人文科学院。 但关于人本身的学问是最高深的学问，岂能没有关于人的专门研究？ 岂能没有关于人的研究的科学院？

后来，在有的大学的学报里，除了自然科学版、社会科学版外，又增加了一个教育科学版。 这是意义重大的，因为，这意味着教育科学既不属于自然科学，也不属于社会科学。

可惜，没有再迈进一步，没有明确认为教育学属于人文科学。

实际上，经典的、正式的社会科学，包括社会学、政治学、法律学、管理学、经济学。

经典的、正式的人文科学，包括哲学、伦理学、历史学、文学、艺术学、教育学。

然而，人文科学的广泛内容，并未使其具有独立的、独特的地位。

教育学作为人文科学在中国近几十年里经历的坎坷与曲折道路，也说明了人文科学的地位与人的地位息息相关。

心理学在学科分类中，是教育学之下的一个一级学科。 它的命运同样是坎坷的，曾被认为是唯心主义的科学。 从事教育学、心理学研究的教授也比其他教师经历了更多的曲折。

五、说教育学是综合学科乃一种无奈

有学者说，教育学属于综合学科。这种说法，或者是一种无奈，或者是一种混淆。

学科既呈分化趋势，又呈综合发展趋势。

在中世纪时，数学也被视为人文科学。这不足为奇，古希腊时，数学被视为哲学，而哲学在人文科学之中。

在现今的一些欧美国家，在说到科学教育时，其所指之科学并不包括数学，科学是特指理化一类的物质科学。

时下，很多人也是将数学与理化相区分的，数学被称为人文的近亲。

很多人在说理科时包括了数学。这是专业分类中的一个处理方式，因为在大的学科类之中，在文理医农工中，数学只好归于理。

在我国的学科分类之中，共 13 个学科类，学科类之下，共 110 个一级学科。

教育学既是学科类，又是此学科类下的一个一级学科，与心理学、体育学并列。

把教育学说成一门综合学科显然不妥，它有它的归属，有它独特的地位。

许多学科具有综合性。例如哲学，它既研究人、社会，也研究自然，这就是综合性，但不能说哲学是综合学科；又如，文学既描述人，也描述社会，文学也用以描绘自然，但不能说文学是综合学科。

如果凡学科具有综合性就叫作综合学科，那么，不是有很多综合学科了吗？这还叫分类吗？

正式的学科分类中，只能根据各学科研究的主要对象、内容和方法来确定其类别，即使具有综合性的学科，也需要按其主要对象和特征来归类。

学科分类的正式目录上，也不可能把综合学科或交叉学科或边缘学科列为单独一类，这只能带来混淆而非合理分类。

六、社会和人

人要敬畏大自然，尊重它，爱护它，除了尊重和爱护，还有必要去不断改善它。

人与大自然相比，大自然是本位。

在大自然之下，谁是本位？应当轮到人了。不过，人依然要懂得与大自然之中其他有生命和无生命的事物如何相处。

至于社会，它本是由人派生出来的。把人派生出来的社会视为本位，那是一种颠倒。

马克思说：“社会，即联合起来的单个人。”马克思首先看到的是人，而且是单个的人，社会不应当是湮没了人的社会。

社会不过是一个共同体或集体，这个集体与个人应是什么关系呢？ 马克思、恩格斯说：“在真正的集体的条件下，各个人在自己的联合中并通过这种联合获得自己的自由。”

从这里所引用的两段话，可以看到马克思恩格斯的根本观念有以下几个基本点：

第一，马克思所说的不只是人，而且是“单个人”“各个人”以“自己的”人（“自己的联合”、“自己的自由”）。

第二，马克思是从人、个人出发去看社会的，而不是相反，其观念决非社会本位的。

第三，马克思既没有用“社会”来遮蔽人，也没有用集体来隐没个体。

从根本上说，凡追寻理想社会者，都不是让人去适应社会，而是让社会适应人；不是人被社会所左右，而是由人去改造社会、变革社会；不是社会掌控人，而是人去掌控社会，而是使社会更能维护人的尊严，让人生活得更自由、更美好、更幸福。

七、结束语

广义的教育跟人类史一样古老。 把教育及其相关的学问归结为社会科学，也表现了社会本位的强势。

教育是因人而生，因人而长，因人而发展和丰富的，由此去影响和变革社会，而不是相反。

不能因教育已成为一种社会活动就说教育学属于社会科学，亦如艺术活动也成为社会活动而不能由此认为艺术学也属于社会科学。 否则，岂不是没有了人文科学吗？

说教育学是综合学科，那是在科学分类之中表现出来的一种无奈，甚至带来混淆，无助于人们去分析不同学科的不同属性。

论“平易近人”

平易，是指谦逊和蔼；使人容易接近，谓之近人。一个人如果自视特殊，不那样谦逊了，不那样近人了，他们就不会被夸奖，反而被人看不起。

有些很有钱的人也容易自视特殊，喜欢摆阔，也就不平易近人了。当官的摆官架子，有钱的摆阔，性质差不多。

有些很有学问的人，也可能自视特殊，忘乎所以，孤芳自赏，目中无人。这也相当于官员摆架子，相当于富人摆阔。这种人可能真有学问，但又可肯定他至少在有一点上没有学问，他不懂得人与人都是平等的。每个人在人格、尊严上都享有平等的权利；而且，有学问的人的学问大多都是从别人那里学来的。比你更有学问的人就应当目中无你吗?

以上几种人，共同的特点是自视特殊，又可以说他们共同的缺点是还不太会做人。

当官的能平易近人确实不错。但《史记》上说“平易近人，民必归之”；又有人说“平易近人，人必归之”。原来，有些当官的之所以平易近人，是为了让人归顺自己，让民众听从其召唤。看来，他们平易近人是有其目的的。

学者们平易近人有没有什么别的目的呢？他们平易近人也是为了让别人听从自己吗？一般来说，当学者们与人平等交谈，平和地探讨，听众是会更愿意倾听的。这样，交流的效果更好。因而，即使学者们有这样的目的，那也没有什么不好。

平易近人者首先要自己像个人，自己是真正的人，从而必然把别人也当人。把别人当人的人，自己才有做人的资格。相反，不平易近人的人，他连做人的资格都有问题了。

当官的，首先应是人；并且，总不会一辈子都当官的，总会还原为普通人的，当官当得不太像人，还原起来也有困难。所以，做人比做官更重要。

现实生活中，确实是有些矛盾现象的，这就看我们如何去对待。

人与人总是有所不同的，每个人都有自己的独特之处，并且我们还希望人人独特，人人都有个性。有的人官位更高，有的人财富更多，有的人学问做得很好，有的人聪明伶俐、智慧过人，有的人写得一手好字，有的人出口成章……这都很正常。而且，越是独特，越是自己。

可是，无论多么独特，无论多么不一样，又有一个基本点，我们都是人。

无论多么独特，总不能认为自己不是人吧；无论多么独特，总不能不把别人也看作是跟自己一样的人吧。

所以，平易近人首先是意识到自己也是人，首先是近于自己，本是人，又何以不近人呢？

任何独特的人，也有平常的一面，平凡的一面，也是很根本的一面。所以，任何独特的人本应是平易的。平易首先是自己的需要。

有权有势的，有钱有势的，往往比一般人更不容易做到平易，更不容易近人。所以，平易近人对于他们更重要，更有现实意义。有权有势、有钱有势的人变得不像人的危险比一般人更大；从这个意义上讲，他们是一个高危人群，因而要有更多的防范。

这些人，显然需要更多的监督，受到更多的批评，他们应当经常“挨骂”，这对保障他们始终像个人是必要的。一个优良的社会，也就应当形成一种机制，让这些更容易变得不像人的人经常听到钟声，经常听到“骂声”。千万不能让他们总是被赞美，总是被歌颂为正确和英明。

只要中国人真正骄傲起来，就必定会有大师

关于骄傲的问题，我们是否有过详细的思考？ 我们是否有必要去仔细思考？ 尤其是教育，它应不应当思考？ 教育是否还应当更多地思考一下呢？围绕着这一点，似乎问题还是很多的。

一、有关骄傲的问题

有辞典注释，说骄傲就是自以为了不起，看不起别人。 这样看来，骄傲是个贬义词。 骄傲很可能是自以为了不起，但是，为什么骄傲就一定是看不起别人呢？ 骄傲只能被这样注释吗？

又有注释将骄傲与自满连在一起，称之为骄傲自满。 这样，骄傲自然也没有什么可取的了。 可是，为什么骄傲就必定自满呢？ 为什么不可以做到骄傲而不自满呢？

在日常生活中也常见这样的情形：某某人确实不错，但就是太骄傲了。

不过，也有将骄傲注释为自豪的。

“骄”实际上指的是六尺高的马，马高六尺为骄。 骄，健壮也。 这又有何不好呢？

但是，在当下，骄傲被认为是消极的，是一个毛病，是不好的东西。 这样，骄傲就应当是一个不需要的东西了。

二、我们真不需要骄傲吗

我们为祖国而骄傲，我们为自己五千年的文明而骄傲，我们为自己民族的勤劳、智慧而骄傲。 这些骄傲不都是很好的吗？ 不都是很健康的情怀吗？ 不都是很需要的吗？

我们为自己的祖国、自己的民族、自己的文明而骄傲，这不也是为自己骄傲吗？ 一旦为自己、为个人骄傲，为什么问题就来了，并且问题还不小呢？

我们为自己作为一个中国人而骄傲，不也是一个个中国人的骄傲吗？ 一个个的人都不骄傲了，那还有什么中国人的骄傲呢？

我可不可以认为自己是聪明的、智慧的？ 可不可以为此而骄傲？ 不是说中华民族是智慧的民族吗？ 假若这个民族的一个个分子都不自认为是智慧的，这个民族怎么可以说是智慧的呢？

北大有这样一句话：“今天你们以北大为荣，明天北大以你们为荣。”

我们把这句话中的“北大”换成“祖国”，那就是：“今天你们以祖国为荣，明天祖国以你们为荣。”这句话不是也很好吗？把“荣”字换成“骄傲”不是也很好吗？

不仅是为国家、为民族而骄傲，而且还应当让国家、民族因自己而骄傲。难道不应当这样想吗？

一个人是不是应当有值得自己骄傲的东西呢？自己都没什么值得骄傲的，还会有别的人为你骄傲吗？还会有国家为你骄傲吗？

如果我们真不需要骄傲的话，那我们需要什么呢？我们只需要谦虚吗？

当然，骄傲是有前提的，要有值得骄傲的东西；然而，谦虚也是有前提的，要有值得谦虚的东西。如果你没有什么本领、没有多少知识，你的谦虚有何意义？如此看来，骄傲和谦虚不仅都有前提，而且还有共同的前提。

还有一点也值得注意。骄傲只是自己对自己，是建立在不轻视、不藐视他人的基础上；而谦虚则主要是对他人尊重，对他人不傲慢，有本领、有学问也不怠慢别人。所以，应当说我们既需要谦虚，也需要骄傲，我们既需要有骄傲的本钱，也需要有谦虚的本钱。看重自己与尊重他人完全可以同时存在。

三、骄傲并不容易

谦虚是一种素养，需要修炼；骄傲是一种心态，也有它自己的生成过程，并非想骄傲就立即可以骄傲起来。谦虚是美德，骄傲亦是一种品格。

骄傲无非是一种自我评价。一般来说，自我评价是每个人都可能有的，有的是自觉地进行，有的是不自觉地进行的。其实，自觉的自我评价是十分必要的。“吾日三省吾身”，就是经常的自我反思，自我评价。

自我评价过高了，是自傲；过低了，就是自卑。过高过低都不好，那么，怎样才算不高不低、恰如其分呢？过高了，过低了，不都是自我评定吗？不高不低的评价不都是靠自己来确定的吗？虽然可能有外在的评价，但归根结底还是自己，别人的评价只是一个参考。即使一门功课，老师只给我打了55分，我也不一定认为我学得不好，有时，不过是一个考题理解得不准而已。

对于自卑，人们比较容易同情；对于自傲，人们往往不易容纳，尤其在我们的社会里，但是，这种环境是积极的、优良的吗？特别是对于人的潜能和智慧，我们为什么不可以更乐观一些呢？为什么不可以有更多的容纳呢？形成一个容纳骄傲的环境不是对社会的发展更为有利吗？

面对一项活动，或一项工作，或一项挑战，我认为我行，我能面对，能胜任，甚至可以做得特别好。这叫作骄傲吗？如果是，那又有什么不好呢？

那些有杰出成就的人，往往就需要有一种特别的自信。这个问题的解决或这项使命的完成，前人未做过，我可以做；别国的人未做过，我这个中国人能做，这种自信是不是骄傲？如果是，这又有什么不好呢？

以上这些可能被视为骄傲的心态的产生其实不容易。并且，我们也可以反问：为什么骄傲就一定使人落后呢？谦虚、不自满，固然可能使人进步，但也不一定；至于骄傲，或者说充分的自信，难道不是有利于成功的吗？不是有利于尝试和开拓吗？

心理学的研究表明，在各项创造心理之中，自信是最重要的心理。换言之，骄傲或高度的自信对于创造是最重要的心理品质。可是，我们贬抑了这种最重要的品质，并可能使人丧失了这种最重要的心理品质。

又有统计表明，虽然中国人的创造力近30年来有了明显提高，但在世界上仍然是偏低的。这是因为中国人太骄傲了吗？恰恰相反，这是因为中国人的思想解放还不够，中国人的自信还没有充分焕发出来，中国人还不够骄傲。中国人在1978年之后经历了一个思想解放的过程，在这个过程中，中国人变得更自信了，因而也更富于创造性了。

创造不容易，骄傲不容易，这需要体制的变革，需要环境的积极变化，需要人的思想的解放。邓小平在1992年又进一步提出，思想要更加解放，这样我们迈开的步子就会更大一些。让中国人有更充分的自信，让中国人敢冲敢闯，让中国人骄傲起来，这是一个创造力提升的过程，也是一个并不轻松的过程。

四、让人骄傲的社会是先进的

在体育运动中，人们常常说不要低估了一颗冠军的心。实质上，说的就是那颗自信的心，那颗骄傲的心，它象征着勇气，象征着力量，象征着舍我其谁的霸气。

实际上，不只是体育，在其他活动中，类似的心理也是极为重要、极为珍贵的。

骄傲只要不具有排他性、不损害他人的正当权益，就是好东西。那种霸气是不是一定排他或有损他人呢？那种霸气完全可以是以尊重对手为前提的，是抱着既向对手学习也希望对手变得日益强大的愿望的，只有对手日益进步，自己进步的可能性才更大。霸气是对胜利的渴望，是对技能技巧或能力更高的要求，并不是对他人称霸，而是对人的极限的挑战。

姚明初到美国男子篮球职业联赛（NBA）时是不扣篮的，后来，他的队友劝他，不要只是投篮，还要扣篮。为什么？投和扣不都是两分吗？但是，扣篮更显霸气。这种霸气，不仅队友喜欢，对手也很尊重，甚至更为尊重。NBA 以及其他项目所遵循的理念是：更高、更快、更强。当然，人们也就尊重那个“更”字，尊重那种显示骄傲的霸气。姚明通过 NBA 有了更多霸气，也有了更多展现他的才能的机会。实际上在这个展现的过程中他的形象更高大了，因为他在有了更多表现的同时，也更会与队友相处（相配合），也更会与对手相对抗并在对抗中尊重他人了，这种尊重是与竞争同在的更高水平下的尊重。

扣篮是一种表现，不仅扣篮，而且还有飞行投篮（乔丹因此被称为飞人），还有转身投篮，还有经过胯下的投篮，还有空中接力式的投篮，还有超远距离的三分投篮。不都是拿到两分三分吗？为何要有这么多花样呢？就是要表现。NBA 就是一个让人爱表现的场所，越爱表现的人越被人爱。

这里所说的虽然是 NBA，是体育，实际上在其他领域，例如文化、艺术、科学等，也是这样的。行行出状元，那些“状元”能不表现自己吗？不仅要表现，还要经常表现，要表现得越来越好，越来越被认可。不是还要有交流、有切磋、有合作吗？正是因为有更充分的展现，才更有利于交流，有利于合作。

实质上，不只是一个小小的运动场，就一个大环境而言，也是那种更能让人表现、让人骄傲的环境更有生命力；若是一个社会，它也就会因此而更先进。让人骄傲起来，让人有表现的欲望，这样的社会必然更有活力，必然发展得更好，生活于其中的人们也更幸福。

五、教育肩负让人骄傲的使命

人们说，父母送给子女的最珍贵的礼物就是自信。子女在父母身边，总是会先有许多的依赖，善教的父母所做的就是让子女逐渐独立生活，并且让更多的自信伴随着他们。

实际上，学校和教师亦如父母，也是在努力让学生拥有越来越多知识的过程中越来越自信，越来越会独立生活。自信也是教师送给学生的最珍贵的礼物。

反之，如果父母或教师让小孩子失去了自信，那就是失败的，也是可悲的。

学生需要学习的东西绝不只是知识，除知识外还有很多东西需要学习。例如，学会尊重，学会理解，学会关心，还要学会自信，既自信又虔诚。这确实是需要学习的。

每个学生都可以变得比他想象的还要聪明。然而，真要让学生确信这一点，并努力去做，也只能是在与教师交往的过程中才可能逐步做到的。

在这个交往之中，老师信任的眼光是十分重要的，尤其是在学生出现缺点乃至错误之时，这种信任更为重要。一帆风顺是很罕见的，一时的错误乃至挫折是很难免的，如果老师在此时仍然一如往常地信任，包括信任他发现和克服各种缺点、错误的能力，那就更有特殊意义了。

这个过程之中常常有学生的自我发现。老师确信学生可以变得比他想象的还要智慧固然重要，学生对于这种可能性的自我发现更重要：啊，原来我是可以如此智慧的。这种感觉的获得既珍贵，又不易。

教育不只是引导学生修养自己、锤炼自己、提升自己，也引导学生认识自己、发现自己、创造自己。

在我们的社会环境里，似乎更喜欢那些听话的人，喜欢谦谦君子，而不太喜欢唱反调的人，更不喜欢带有几分骄气、傲气的人。甚至，我们的语境也不是很有利于人的成长，比如人们常可听到“人贵有自知之明”，话语之中，并不是要你自知有多么行，而是要你自知不行，知道自己不行了才算是明白自己了，人自知不行了才是宝贵的。“人贵有自知之明”，就是劝你别认为自己有什么了不起，就是劝你别高估自己，劝你不要自不量力，劝你不要骄傲。

“人贵有自知之明”应当改为“人贵有自知聪明”或“人贵有自知精明”“自知高明”；如果还没有达到的话，也自知可达，可奋斗，可努力，可以变得更聪明、更精明、更高明。

人们可以思考一下，为什么近60年来中国没有出现思想家、哲学家以及科学大师、文学大师？原因可以说上很多，但观念环境是很重要的原因之一。如果我们的环境更宽松些，更包容些，那么，中国杰出的人才必定更多涌现出来，大师也必定会涌现出来。当这些人才涌现出来的时候，中国人又可以拥有更多的自豪，更多的骄傲。这就会产生一个良性循环。教育应当可以在这个良性循环中做出更大贡献。

俗语说，失败是成功之母。实际上还有另一面：成功也是成功之父。因有了成功而更有信心去取得更大的成功。谦虚、不自满，可以让人前进的步伐不停下来；自信，认为自己可以更聪明、更智慧，则不仅可以让自己不停下来，而且可以让自己加大前进的步伐。

人们不仅因有成就而骄傲，而且因骄傲而有成就。一辈子未曾骄傲过的人会有大的成就吗？

当今的中国不是已经急切地盼望有自己的思想家、哲学家、文学大师、科学大师吗？其实，只要中国人有充分的自由，只要中国人有更充分的自信，只要中国人有更充分的展现机会，只要中国社会更能容纳骄傲，中国的大师一定会出现！

人学辩证法

“人学辩证法”在这里是一个概念，不是一个句子，不是“人要学习辩证法”。“人学”也是一个概念，在这里是用来修饰“辩证法”的。“人学辩证法”是类似于“自然辩证法”的词汇。

“人学辩证法”这个词出自法国哲学家萨特。萨特认为辩证法只存在于人身上，他的人学是把人的存在和辩证法的存在联系在一起的。他也成为存在主义的代表人物之一。存在主义的共同点在于把根本放在人身上，存在主义不同流派的不同点只是在于人以何种方式存在。

黑格尔实际上也认为辩证法存在于人身上，存在于人的思维之中。他认为“认识到思维自身的本性即是辩证法”①。

他们把辩证法视为人的（思维的）本性，是人本有的，存在于人身上的。实际上，这种本有、本性、本存在，主要应当是本有获得辩证法的可能，本存在着发展辩证思维的水平。因而，这种存在主要表现不是固有性，而表现为可能性、发展性。

法国在中学就开设哲学课程，甚至有对三四岁的小孩进行哲学训练的实验。这些教育活动也是建立在对辩证法作为人的本性的认可的基础之上的。

法国是一个哲学之国，也是一个数学之国，同时也是一个特别看重教育的国家。这三个方面的表现是彼此密切相关的。

美国在 20 世纪 60 年代开展过一场新课程运动，尤以数学教育为重，他们把大学一二年级数学的某些内容放到中学去。结果基本上是失败的。然而，在法国，某些类似的做法却是比较成功的。原因就在于，法国的哲学、数学、教育被重视的社会广泛性程度更高。

人学辩证法包含两个要点，除了认为辩证法只存在于人身上外，还认为人是一个整体。

那么，自然辩证法不就是自然中的辩证法吗？实际上，这只是人的认识中辩证法的一个方面，是人对自然的辩证认识，并非自然本身具有的辩证法。或者说，自然只是辩证地存在着，而我们认识它的时候才构成了辩证法

---

① ［德］黑格尔. 小逻辑［M］. 贺麟译. 北京：商务印书馆，1980：51.

的一个特定方面。

这两种观点对于我们的教育都可以有很积极的启示。

一般认为，人区别于动物的地方是人有意识，有认识活动，有思维活动，然而，辩证法只存在于人身上的观点可以使我们对人有更深刻的理解。因为这种独特的存在，人才表现出种种可能性，而不只是动物的那种本能性了。

这里，实际上包含了两个层次的可能性，首先是人可以有后辩证认识的能力；又因为这种能力使人可以获得更多东西，获得更高更广更深的认识，获得发现发明的种种能力，并通过这种能力实现更多的创造。

从中学起就对学生进行辩证法的教育，是基于第一种可能性的，因为人可以获得辩证法，所以进行这种教育；另一方面，进行这种教育又为人的发展、人的未来创造了更多、更大的可能性。

从这两方面来看，我们的教育既是基于某种可能性的，又是为着更大可能性的。再引申一些说，教育就是把人区别于动物的那种可能性最充分地发掘出来。

人学辩证法的第二个观点即人是作为一个整体而存在的。

有一种先进的教育思想被称为全人教育。这种思想不只欧洲有，我们中国也有，日本也有。这种教育思想所包含的教育目的也就是使人实际上作为一个整体而存在，作为一个整体而发展，发展得完整、完美。

人学辩证法也告诉我们，一方面，我们所培养的人本是一个完整的存在；另一方面，教育业就是为了让人获得更完美的发展。

获得辩证思维使人的思维更完善，更完整。教育不只是告诉学生学会辩证思维，还要让学生学会辩证地生活。生活辩证法是人学辩证法的一部分。这一部分也有很大学问。这也就意味着教育更为艰巨，同时也是更有意义的工作。

人与神
——也论教育目的

《辞海》里，关于人的词条共有370多个，而关于神的也不少，也有100来个条目。

为什么关于人的词条特别多呢？ 因为人不可能不特别关心自己；又因为与人相关的事和物确实很多；还因为带来的神奇也最多。

为什么关于神的词条也不少呢？ 因为神是人的化身，用哲学的语言说，“神是人的对象化”；神的词条多是因为关于人的学问多。

人是如何与神交往的呢？ 如何在神身上将自己对象化的呢？ 这可以分几方面来讲。

1.人把最美好的东西给了神；

2.人把最不可思议的事情也归结到神那里去；

3.人把自己无法理解的现象视为神之所赐；

4.人把自己最崇拜最敬仰的对象也给了神。

人与神如此密切相关，想必教育亦不能不交往。

乍一看来，似乎教育是在逐步缩小神的地盘。 教育会告诉学生，那天上的电闪雷鸣并不是神仙在发怒，那风调雨顺之时也不是神息怒之后的安详。

当知识越来越多时，不可思议和无法理解的事物或现象越来越少了，神可以安歇的地盘不是会日益缩小吗？

可是，教育也在帮助学生扩大神的地盘。 事实上，当原有的无法理解变得十分清晰可见之后，又会有新的疑惑发生。 例如，当我们逐步理解了地球上的现象之后，我们就会知道天外有天，而在那些遥远的星球上是否住着神仙呢？ 不就有太阳神吗？ 月亮上不是有仙吗？ 那外星人会是什么样子呢？

教育还从一个极重要的方面扩大神的领地。 例如，教育的目的就是要给学生以精、气、神。 让学生有神有色，让学生变得有生气，这都是教育所向往的。 反之，如果学生站在教师面前渐渐神情黯淡，渐渐失去生气，那绝对是教育的悲哀。

教育不可能让每个学生成为神童，但总是会努力让“神灵”降落到他们心中的。

甚至在一门新课程展开时，教师首先便是让学生看到一个新的神秘世界，而后又一步一步地破解这些神秘，再后还努力让学生知晓尚有神秘的天外天。这是让学生神往的过程，实际上也常常是一门优秀课程的发展过程，是让学生更好成长的过程。

一个没有信仰的社会是十分可怕的。实在说，教育的强有力表现，就应当是让人们有信仰。这种信仰跟宗教不一样，但也有一样的地方。这就表现在，人们都要知道什么是最神圣的，什么是最不可冒犯的。

泛神论把神只限于自然。但是，神早已泛化到了人间，神也被人化了。神被人化、人被神化的情形都发生了。

让某些道德观念深深种植在青少年心中，这就相当于播下了种子。那些道德条律是最神圣的，最不可冒犯的。

当一个人深切地感受到自然的神秘、科学的神妙、道德的神圣的时候，这个人就算成熟起来了，也可以说是靠近神了。

因而，当我们说教育是为了让人与神靠近的时候，应当是对教育的神奇又增加了一份真切的了解。

教育与人的历史感

地球诞生46亿年了。在地球诞生之后的头七八亿年里，地球表面并没有氧气，后来才有了植被，有了绿色，有了生命。生命史是从植物开始的。

鱼属于脊椎动物，这类动物比一般动物出现得晚，但也比人类早得多。例如，娃娃鱼已有一亿六千五百万年了。甚至有人认为人类来自海洋，来自鱼。人类在这些远古的生命面前，确实应有几分敬畏。人类的历史不过500多万年。如果明白这个历史，那些过分狂妄的人该显得有多么幼稚啊。

发展到今天的人是如此智慧，实在也可以有几分自豪。但这是经历了一个漫长的过程才来到的，是地球经过千辛万苦才孕育出来的。

如今的人类已经享有了丰富的资源，但是，当我们在着衣时，在行走时，在餐桌上用餐时，最好先念一番感恩词，感谢我们伟大的星球。

这就是文明，而文明意味着我们还像人，我们还对得起祖宗。

实际上，人类的第一特征并不是智慧，而是懂得历史，懂得自己从哪里来；然后才是智慧，并因智慧而探讨我们又将走到哪里去。因此，我们的第一自豪源于我们的历史感。

现在的教育中，历史课程的分量可适当加重。仅仅知道现在这个国家是从哪里来的，还是远远不够的；中华民族的历史比“国家”的历史悠久得多；黄河史、长江史也悠久得多。此外，我们最好还要知道一些海洋史、生物史、地球史、宇宙史。

现实感似乎是自然可生而无须教育的。其实也不然，现实本身也相当复杂、厚重，更何况，我们的现实是历史链条上的一环，没有深厚的历史感，现实感是很不实在的。

经过亿万年岁月，大自然把最神奇的一面给予人了。如果有这种深厚的历史感，我们就会在现实中不枉费了大自然的赐予，而教育正负担着这一唤醒的使命，教育唤醒人知晓大自然的恩惠，并把自己现实的一生变得神奇起来。

教育若真能如此，该多么需要想象力啊。教育不去想象，谁又去想象?

实际上，教育就是引导人不要太近视了的，不要稍远一点的图像看起来就模糊，而再远一点就看不到了。人的神奇不只是眼神，而是能借用自己的智慧看到千里万里之外，看到遥远的星际和人生的奥妙。但这种智慧对于个人而言，只是一种可能性，是一种潜在。

大自然在赐予人生命的时候也有几分吝啬，它给予每个人的也就那么几十年，幸运的人也不过百余年。如何让作为可能性的智慧变成个人自己的现实？这就需要开发，把潜在的智慧开发出来。每个人都有这种潜在智慧，却不是每个人都能充分开发出来的。

教育正是为着让尽可能多的人把智慧开发出来。教育的历史感也就表现在这里。历史已经让人可能达到智慧的高峰，教育就在于使历史赋予的可能变为人的现实。

具体到一个一个人，应当也有一种历史感，并秉承这一点去好好地接受教育，让自己尽快智慧起来。

教育与人的历史感，首先是明白自己的历史，自己的来龙去脉；继而就深感不能辜负了历史的恩惠，要对得起历史的厚待，并且从对得起自己的每一天做起。人类历史的悠长与个人历史的短暂之间是相联系的。尤其那些杰出的个人，他们以自己的短暂丰富了历史的悠久。

人的固有性、可能性和现实性

——兼论教育目的

人身上存在着本有的、固有的东西吗?

人从出生到长大，必定是长身高，增体重，壮身体，生理逐渐发育成熟，直至衰老。这是每个人都固有的变化。

人是有意识的，幼儿时期意识活动就开始了，尔后越来越清晰，越来越丰富。

人因有意识而获得自由，自由也成为人本有的特性，有意识地指挥自己便是自由。所谓指挥自己，就是自己用意识和意志作用于自己，人能以自我为自己意识的对象。

动物是单一的，它不能以自己为对象;动物靠本能生活，也有一定意义下的意识，也有脑袋，但它的意识是围绕着生理需要展开的，它没有精神世界，动物只有物质世界，包括它的大脑也是为那个世界而存在的。

人的精神世界越来越丰富的时候，人就越来越远离动物;反之，人的精神世界越来越贫乏时，就越来越接近动物。

教育是让人的精神世界越来越丰富的基本活动，因而也可以说教育是让人越来越远离动物的一种活动，让人越来越不只是依靠本能生活，越来越自觉地将意识作用于自我，也可以说教育是让人越来越像自己的活动。

人更重要、更独特的方面，在于人有可能性。人可能成为作家，可能成为艺术家，可能成为科学家，可能成为银行家，当然也可能成为法西斯分子，成为独裁者。动物只是本能地长大，只有一种可能性，因而没有可能性，可能性是与多样性、丰富性和不可预测性联系在一起的，故而动物没有可能性。

教育在一定的意义上就是让人发展可能性，让人有更多的可能性，为人创造可能性;当然，教育也帮助人避免某些可能性。

我们常常谈论教育目的，其实，教育最根本的目的也就在于给人更多可能性。

我们也说教育的目的是为了让人成为自由人。其实，人本自由，这只是一个方面，另一方面人还可以发展自由。自由是与可能和选择相联系的，有更多可能，有更多选择机会，才更自由。所以，使人成为自由人与为人创造可能性，实际上是同一个目的。

以上所说的教育目的都是内在的，是指向人自身的。这就是大家都知道的杜威名言：“教育的过程，在它自身以外没有目的；它就是它自己的目的。”

教育还有没有外在的目的呢？当然也有，但是，第一，外在目的是以内在目的为基础、为根据的，不管持有外在目的的人是否意识到了这一点；第二，这种外在性也是人赋予的；第三，这种外在目的能否实现也取决于相关的人。

越是基础的阶段，教育越可以集中于内在的目的。内在的目的就是在发展和丰富可能性。更多的可能性，更强的可能性，才外化为更多的现实的结果。

事实上，教育提供可能性也就是提供获得种种现实结果的可能性，可能性让我们对现实可以有更多的期待。

急切的人们常对教育提出一些似乎更现实的口号，要求它为这个服务、为那个服务，似乎只有这样教育才有现实的价值，才叫作联系实际、面向实际。

然而，教育并不需要过于介意这一类号召。因为教育的主要之点是提供可能性，主要之点是面向未来，只要这样，教育就是现实的，就是实际的。教育的现实就是不急于靠近某些现实，教育的实际就是为未来而关注眼下。未来的实际不一定是眼下的实际。

教育越富于理想越能表现属于它自己的现实。教育毕竟是教育而不是别的什么，它在与别的东西相区别时才是自己。教育很美丽，其中就包括这种距离美。这种距离美是消失不得的，否则，教育不美了。

学生也有想错的权利

学生既然要想问题，就会有想对的可能，又有想错的可能。

让学生自由思想不是教师的赐予，从根本上说是学生的权利。教师有时会刻意安排一些讨论，让学生把他们所想的说出来；做作业时，就会把他们所想的写下来。对他们所想、所写的东西，教师要加以评价。

对于教师而言，其工作的一个重要方面是帮助学生发现错误、纠正错误、走向正确。学生或多或少会出现错误，因而根本不存在允许不允许的问题。

教师自身也可能出错，这种错谁来发现、谁来纠正呢？如果教师教得好，在教学中形成十分活跃的局面，学生学得很主动，也许学生还能帮助教师发现问题，发现错误。

然而，有些错误学生是很难发现的。但那些唯恐误人子弟的教师，会本着教师的良知经常反思自己，并从内心深处不允许自己把错误的东西教给学生。因而，好的教师是视学生犯错为正常情形而不允许自己犯错的。

在学生的许多权利中，我们当然特别关注他们的学习权。这也包括了思想权、发言权……教师维护学生的这些权利，也就是维护他们成长和发展的权利，也就是更好地培养和教育学生。

权利意识并不是很容易建立的。人类史几十亿年了，人类文明史几千年了，可是，人权思想不过短短的三百多年历史，天赋人权观念的提出则只有两百多年历史。这是在封建制度瓦解的过程中才出现的。

把人权所包含的丰富内容充分体现到各个实际生活领域里去，还会有一个不短的路程要走。教育领域应是较快较顺当地走过这段路程的。然而，教育要走好这段路亦绝非易事。教育领域里有关权利的事项众多，这些权利被充分注意到且充分受到维护，是教育事业健康发展之必需。

学生有思想权，包括了想错的权利；学生有发言权，包括了说错的权利。对于学生之错，教师首先应意识到这是学生必经的过程，并予以尊重，在此前提下引导学生发现和认识错误之所在。考试时，学生答错了的，教师还要扣分，但这不是惩罚。一方面，这是教师行使了判断权，另一方面，也是在告诉学生，这是错了的，需要更正；从学生的角度看，也是维护了自己的权利，自己得到教师的指导，必要的时候还可以与教师进一步讨论。

在想错、说错这一点上，教师与学生的权利并不是全对称的。教师要时刻小心自己是否讲错和写错了，并且，一旦发现就要在学生面前纠正，在学生面前承认自己曾有的错误。教师不在于绝对没有错误，而在于对真理的虔诚，对学生的负责。

原则上，师生在真理面前是平等的，但他们各自的义务和权利是有差别的。充分尊重学生的各种权利是教师的义务。

人文科学与社会科学的差异性

汪信砚先生在《学术研究》（2010 年第 9 期）上发表了《人文科学与社会科学的统一性》一文（以下简称汪文），从三个方面叙述了两者统一性的表现。实际上，汪文也从某些方面提及了两者的差异性，但其重点则在强调统一性。本文将重点讨论两者的差异性。

一、讨论差异性更有意义

事实上，在当下，关注人文科学与社会科学的差异性具有特别重要的现实意义。这种特殊意义可以从五个方面来看。

第一，中国教育在近半个多世纪里忽视了人文科学。自 20 世纪 50 年代以来，艺术教育、伦理教育、古典文学教育是逐步被削弱的，其中一些甚至被取消了。到了 60 年代、70 年代，情况就更为严重了。那时的社会科学，如政治学处在重要的地位，许多人文科学被政治化而不成其为人文科学了。

自 80 年代以来，社会科学中的法律学、管理学、政治经济学的地位明显上升。直到 90 年代才兴起了一股人文素质教育的热潮，此时，才突出了文史哲的地位。这一历史线索清晰地表明，人文科学处在明显的劣势地位。

第二，在我们的学科分类中，曾经只有两大类：自然科学、社会科学，人文科学这一大块没有了。

第三，由于以上观念的影响，一系列相关领域里忽视了人文科学。例如在大学的学报中，只有自然科学版和社会科学版，即使有人文科学方面的学术论文也只有刊载于社会科学版。大学的科研管理部门可以是一个，但在划分时也就是两个，一个被简称自科处，另一个便被简称为社科处。

第四，曾经认为对于一个事物或一种现象只有从社会的角度去考查才算有了高度，很少或者干脆就没有从人的角度去考查，更不认为从人的角度看问题才算达到了一定高度。

第五，从学界的情况看，人们更多讨论的是人文与科学的关联，即人文科学与自然科学的关联。关于这种关联的专门性学术会议不少，而关于人文科学与社会科学的关联的专门性讨论则很少。从这一点来看，汪文讨论两者的关联也是有重要意义的，其主要缺陷则在于该文把重点放在了统一性，而对差异性没有过多论述。

二、关于差异性的一般讨论

一般来说，两个相关联的事物之间的统一性与差异性总是同时存在的，或者说，它们的关联是由统一性（或同一性）与差异性（或矛盾性）一起表现出来的，对这种关联的认识，既包括从差异中看到统一，又包括从统一中看到差异，彼此是互为前提的，看不到统一就不能真正看清差异，同样，没看到差异也不能说真正看清了统一。

进一步说，没有对两事物之间差异性或矛盾性的充分认识，就不可能充分认识两者间的统一性。从这个意义上，我们也不难明白为什么汪文对于人文科学与社会科学关系的讨论，就有其不充分之处。

对于两事物之间的差异性与统一性，用一个简单的词来表达就是“对立统一”。用“对立”二字似乎过于尖锐，其实，撇开意识形态而仅仅从哲学的视野来看，也没有什么尖锐不尖锐的问题，实质上恰好更准确、更深刻。

确实，对立二字较之差异二字更为确切。差异是对立，对立不一定只是差异。差异似乎只是说两事物的不同，而对立则还包括两事物之间的相克、相抑、相悖。不过，也可以对差异二字做更宽泛的理解，那样就与对立一词的表达相当了。并且，对于某些范畴，确实只表现为狭义下的差异。人文科学与社会科学之间正是如此。因而具体到这里的讨论，使用“差异性”一词也是恰当的。

作为完整的叙述，本文似乎亦应既讨论人文科学与社会科学的差异性，又讨论两者的统一性。然而，我们可以约定此文着重讨论的是差异性，这一点也不意味着忽略统一性，更不意味着两者间不存在统一性。

为了便于讨论的深入，我们还把问题放在更宽广的视野下考查一下，不妨先就知识的分类做一些概述。

三、关于知识的分类问题

知识的分类属于科学学的范围。

我们常使用职业、专业与学科这三个词，它们的区别在哪里呢？职业属于社会学领域，专业一词属于教育学领域，学科一词属于科学学领域（这些词也有被泛用的情形，那就作为例外来看待了）。

这样，知识的分类问题是用学科来表达的，它也就是学科的分类问题。本科生多使用专业一词，而研究生则常使用学科一词。实际上，这表明研究生是在某个学科领域（有时也跨学科）学习的，表明研究生已进入学术研究阶段，要在对某个学科的知识有较充分的把握的基础上获得在这个学科领域进行研究的能力。

按我国的学科分类，大类约十种，一级学科数十种，二级学科数百种。

现在围绕着本文主题，我们仅仅从大的分类上作一些讨论。

《哲学大辞典》在“知识”这一条目下说：知识通常可分为四大类，自然科学知识、社会科学知识、思维科学知识和数学知识①。这一分类的独特性之一是将数学与其他科学平列，尤其是未将数学列入自然科学。这是正确的。当然，数学也不属于社会科学，不属于思维科学。数学是特殊的，有人说它是人文的“近亲”，但也只是“近亲”而不是属于人文科学本身的。

上述四大类分法还有一个独特之处，它把思维科学也视为与自然科学、社会科学相平行的科学这也是很正确的。其缺点也明显。思维科学是属于人本身的科学，亦即人文科学，但人文科学不只含有思维科学，人文科学还有更广阔的内容。所以，这一分类的明显缺点是有疏漏，不完整。

我们再看看英国哲学家斯宾塞的论述，他是以人的活动的不同类别为基础来进行知识分类的。他认为人的活动“可以自然地排列成为：‘1. 直接有助于自我保全的活动；2. 获得生活必需品而间接有助于自我保全的活动；3. 目的在抚养和教育子女的活动；4. 与维持正常的社会和政治关系有关的活动；5. 在生活中的闲暇时间用于满足爱好和感情的各种活动。’②而与之相应的知识便是：‘1. 生理学、解剖学；2. 读、写、算，逻辑学、几何学、力学、物理学、化学、天文学、地质学、生物学；3. 心理学、教育学；4. 历史学、社会学；5. 雕刻、绘画、音乐、诗歌’”③。这五类知识中，第一类和第二类中的一部分属自然科学；第三类、第五类和第二类中的一部分属人文科学；只有第四类中的一部分属社会科学（例如，历史学就不全属社会科学，其中既有属于自然科学的地球史、生物史、海洋史……，又有属于人文科学的艺术史、思想史、文学史……）。总的看来，人文科学占着极大的比重，而社会科学的比重相对较小。

也由此可见，那种只把知识归结为自然科学和社会科学的观点、只对人文科学做轻描淡写的描述有多大的缺陷。

附带说明一下学科一词与科学一词的区别与联系。我们已指出，学科的概念属于科学学，实际上，科学的分类问题正是科学学的研究对象之一，而某一类科学被分为若干个分支时，这些分支便被称为学科。但有时某个学科本身也称为科学，而在其下的分支又称为相对的学科。例如，物理学是自然科学中的一个学科，但物理学也可以被称为物理科学，其下属的热学、电学等又被称为它的学科。又如，艺术学是人文科学的一个学科，但艺术学也可

① 冯契. 哲学大辞典［M］. 上海：上海辞书出版社，1992：1011.

② ［英］斯宾塞. 斯宾塞教育论著选［M］. 胡毅，王承绪译. 北京：人民教育出版社，1997：59.

③ ［英］斯宾塞. 斯宾塞教育论著选［M］. 胡毅，王承绪译. 北京：人民教育出版社，1997：60—81.

以被称为艺术科学，而其下的雕刻、绘画、音乐等又被为它的学科。

四、人文科学与社会科学的差异性

以上的讨论相信会十分有益于我们从大的方面清晰地看到人文科学与社会科学之间的差异。这应当是一个重点，在此基础上才能更好地考查它们的关联、它们的统一性。我们从以下方面来阐明它们的差异。

第一，基本对象不同。人文科学即关于人的科学，社会科学即关于社会的科学，人与社会是两个不同的概念。就像小麦由淀粉、蛋白质、维生素等组成，但小麦与蛋白质、淀粉等并不是一个概念一样，社会是由人组成的，但社会与人不是一个概念。大百科全书有很简洁的注解，社会科学即“研究社会现象及其发展规划的各门学科的总称”；人文科学或人文学科即“涉及人类文化的各学科的总称”。

第二，基本内容不同。由于基本对象不同，研究的内容也就十分不同。人文科学主要研究人的意识、精神、思维、情感、意志、信念等；社会科学主要研究社会的结构、社会各成分的关联、社会的运转与演变等。这种研究也有交叉的情形，但正因为是两个不同的范畴才有交叉。不能因有交叉而混淆两者的基本差别。

第三，研究的过程不同。人文科学主要从心灵的活动过程、从思维的演绎过程、从情意的发展过程去研究人；社会科学通过生产力的发展过程、生产关系的变革过程、权力的演变过程去研究社会。汪文说社会科学主要是回答“‘是什么’‘怎么样’以及‘为什么’的问题”[①]，这似乎是在说明人文科学与社会科学的差异性，然而，人文科学和社会科学一样，需要回答的最主要、最基本的问题都是“是什么”的问题，其次才是回答“应如何”的问题。社会科学要回答“社会是什么”以及随后的“社会应如何”的问题，人文科学要回答“人是什么”以及随后的“人应如何”的问题。两者的差别不在问题形式（形式上恰相同）而在内容（内容上一个是对“社会”发问，另一个是对“人”发问）。而对于“社会是什么”和“人是什么”的回答又都是通过不同对象的特性和不同对象演绎的过程来分别进行的。

第四，作用的不同。人文科学与社会科学对于人的作用明显不同。人文科学是研究“人性、教养”[②]的，因而它是完善人性、有益于人生修养的，教人做人的，它提高人的审美意识、审美能力，全面地发展人的思维。社会科学则是教人认识社会，同时也可进而探讨人在社会中的地位、权利、责任等。

---

① 汪信砚．人文科学与社会科学的统一性［J］．新华文摘，2010(23)：38－40.

② 冯契．哲学大辞典［M］．上海：上海辞书出版社，1992：23.

第五，在教育中的地位不同。在初等教育阶段，学生主要学习语、数、外，“语”和“外”都是语言、文学，都基本上属于人文课程，还有音乐、美术、体育，也属于人文科学；而学习时间最长的是语文和数学，要贯穿整个基础教育阶段，语文是经典的人文课程，数学则不仅被称为人文的“近亲”，且实际上是在一定程度上作为逻辑学的替身在训练学生，逻辑学也是人文学科的一个门类。直到基础教育的后段才加上自然科学（先是常识，再到物理、化学）和不多的社会科学。到了高等教育阶段，人文教育的地位才更重要（越是高水平的大学越看重）。

人文教育与人才培养

一、人文科学

所有的知识可分为三大类：一类是关于自然的知识，一类是关于社会的知识，一类是关于人的知识，分别可以叫作自然科学、社会科学、人文科学。

有一种观念，认为知识只有自然知识和社会知识。这种观念在20世纪50至70年代特别流行。

有一类学问家是专门研究人文科学的，他们思考着一些问题：

人是什么？

我们从哪里来？

我们为什么在这儿？

我们到哪里去？

我们以怎样的方式存在着？

我们创立了一种怎样的精神世界？

……

这一类问题是如此丰富、如此深奥，乃至自古以来有无数的学问家，持续、执着地思考着。

古今中外的历史说明了两个可以令人深思的事实。

在文明史上最具深远影响的学问家是研究人的问题的思想家、哲学家。此其一。

在文明史上，普通人的地位相对较高的社会，人文科学的地位较高；反之，普通人的地位不高的社会，人文科学的地位也不高。此其二。

自然，有137亿年历史。

人，有500多万年历史。

社会，大约数千年历史。

政党政治，只有两三百年历史。

古老的自然，年轻的社会或政治，都是通过人去认识的；而人认识自己的重任亦必在人身上。可是，正是人认识自己的问题成了最艰深、最困难也最具有意义的问题。

2012年，德国总理邀请了15位哲学家在自己家中讨论两个问题：何为人？ 我们为什么在这儿？

实际上这也就只是一个问题：人是什么？

这一事实，最能表现一位政治家的自觉和她最深切的社会责任感，她自觉到这一问题的重要性和艰难性。

这实在是一个国家的幸运，也标志着这个国家走在现代文明的轨道上。

二、人文科学与人文教育

人文科学的命运与人文教育的命运是紧密相连的。

在20世纪50至70年代，与人文科学在中国被极大削弱所同时发生的是人文教育受到贬抑。

那时，特别被轻视的首先就是人文科学，在学校里，被轻视的首先就是人文课程。

有一些被取消，如美学、伦理学；

有一些被削弱，如史学、古典文学；

有一些被变形，如哲学。

1978年在中国20世纪下半叶是一个具有标志性意义的年份，这一年的前后各30年是如此不同。 1978年以来中国社会有种种的变化，但最根本的变化就是人的地位逐步上升。 与此同时，人文教育的地位也在上升。

特别是1995年前后，中国高等教育学界的几位有识之士周远清、杨叔子、张岂之、王义遵等，曾大力倡导人文教育，大力加强了以文史哲为主要内容的人文课程与学科的建设，并于1999年建立了一批以人文学科为主的文科基地。

这种十分自觉地、清醒地置人文教育于大学教育之中的行为，也标志着中国高等教育的一次历史性觉醒。

大学教育关注知识的增长、能力的增强，而人文教育的特殊意义则在于对人自身成长的关注。 这些举措既反映了对人自身的关注和人的地位的提高，也反映了人文教育在人才培养之中的崇高地位被确认。

这些举措对于中国高等教育未来的影响会有多大，对于未来人才成长的作用如何，是难以预料的。 不过，根据以往的历史经验，我们有理由认为，我们今天所做的事情，可以让我们对明天有更多的期待。

三、人文教育的实际作用

麻省理工学院在20世纪30年代以前只有工科，因而在那之前，虽然它有一流的工科，却只是二流大学。 直到后来经过30年代、40年代的持续努力，大力发展理科，尤其是人文科学之后，麻省才成为一流大学。 哈佛有强大的文理而至今没有工学院，但它自 19 世纪末以来一直是一流的大学。事实证明，只有工科不可能成为一流大学，只有文理则是可以成为一流大学的。

以上说的是大学。实际上，这也说明了人才培养问题上的一些根本问题。

如今，世界上最优秀的一些大学无不拥有强大的人文学科和良好的人文教育。

有工，可以培养工程师、设计师、会计师、律师……但没有文理就出不了大师。所以，人们常说，没有一流的理，就没有一流的工；又说，没有一流的文，就没有一流的理。

为什么文（主要指人文）有如此巨大的作用呢？

人们都不难理解，爱因斯坦、牛顿比爱迪生、瓦特更伟大。爱因斯坦认为，亚里士多德对人类的贡献比他更大。这些大科学家都认为是大艺术家影响了他们。

以亚里士多德为代表的希腊理性主义哲学直接引领了欧洲近代以来出现的自然科学划时代理论成就。这既不是猜测，也不是推理，而是事实。

所以恩格斯说“新时代是从返回到希腊人而开始的”，文艺复兴以来科学繁荣的时代是从希腊哲学那里获得灵感而来到的。

恩格斯又说：“一个民族要想站在科学的高峰，究竟是离不开理论思维的”，是离不开哲学繁荣的。

一所大学要想登上科学的高峰，难道能够离开理论思维和高水平的哲学吗？

我们可以看到，笛卡儿、牛顿、开普勒、伽利略、高斯、希尔伯特、普朗克、庞卡莱、爱因斯坦……这些大师，这些科学巨星，无不具有极高的人文修养和哲学水平。

我们也可看到，在产生了科学巨星的牛津、剑桥、哥廷根、柏林、哈佛、耶鲁、芝加哥等大学，又无不拥有世界一流的人文学科，尤其是哲学。

人文教育是一切优秀大学的灵魂之所依，是大学航行的罗盘。

中国大学也并不是没有值得回首的历史。

20 世纪三四十年代的北大、清华，就已经拥有了明清以后中国最著名的哲学家、科学家，那是一批真正称得上大师的人物。

熊十力、金岳霖、贺麟、冯友兰、陈省身、华罗庚、吴大猷都是那个年代里的大师级人物。那个时代也有如鲁迅那样的文学家。

蔡元培、梅贻琦时期的北大、清华聚集了当时中国最优秀的学问家，尤其是一批最优秀的哲学家，开创了一个哲学的黄金时期。 这是当时北大、清华辉煌成就的极为重要的表现。

蔡先生还身体力行，在中国大学首开美学课程，亲自讲授不下十次。 这是北大历史上的一次重要变革，人文教育进入了一个鼎盛时期。

抗战时期的西南联大，更是汇集了北大、清华的一批最杰出的哲学教授，代表了中国和西方哲学的各重要流派。 就在那样生活极为艰苦、物资极为匮乏的年代，西南联大仍能以科学和哲学的智慧、开阔的学术视野培育学生，并且确实是人才辈出，为中华民族的未来积蓄了学术力量。

那时的西南联大显示了强大的人文精神，并以自己极为优秀的人文教育开创了中华民族史上一段可歌可颂的大学篇章。

蔡元培是中国高等教育史上的一个符号，他为中国大学开创的人文教育新局面以及由此产生的巨大教育效应，是最值得我们去回味和呼应的。

四、我们的大学能培养杰出的人才吗

我们回顾过去的大学，深切地去回顾它，也是为着思考今天的大学。

今天的中国大学人文教育状况如何？ 更一般的问题是：今天的中国大学能培养出大师来吗？ 这个问题与人文教育的状况有何关系？

凭着中国人的智慧，在中国这块土地上是绝对可以巨星云集，群星灿烂的。

然而，今天我们仍然在惊呼：为什么我们的大学培养不出杰出人才？ 我们的思想家、哲学家、文学家以及世界级的科学家在哪里？

最不可忽略的因素是人文教育的状况所造成的影响。 尽管有十余年前一些优秀的大学工作者倡导过、推动过人文教育在大学的展开，但这是远远不够的。

人文教育的基本前提之一是人文科学的繁荣。 于是，我们要问的是：人文科学在我们的中华大地繁荣起来了吗？ 尤其应当问：哲学在我们的祖国繁荣起来了吗？

没有哲学的繁荣，会有人文科学的繁荣吗？

没有人文科学的繁荣，会有人文教育的坚实基础吗？

没有人文教育的坚实基础，会有杰出人才的大量涌现吗？

我们再看看德国和美国。

19 世纪是德国的世纪，一流的经济、一流的科学、一流的哲学汇集于德国。 其中，哲学绝不是一个配角，哲学是唱主角的。

可是说，正是生活在 18 世纪的康德以及随后一大批思想家，如费希特、谢林、黑格尔、费尔巴哈的涌现，才带来了德国的思想解放，带来了 19 世纪德国的繁荣。

与哲学繁荣相随的是科学大繁荣。19世纪的德国汇集着世界最顶尖的一批数学家，而德国在物理学方面的成就已超过了老牌科学大国——英国和法国的总和，其生理学方面有创见的论文几乎占了全世界的三分之二。

而与哲学、科学的繁荣相伴随的便是经济的大发展，德国迅速超过英法而成为世界的第一大经济体。

哲学引领了德国大学，不仅如此，哲学引领了德意志民族近代以来的全面复兴。

说到20世纪，人们自然会提到美国。

美国大学在20世纪的蓬勃发展，是以艾略奥特为代表的一批美国人努力并创造性地学习德国的结果，美国的繁荣是美国人奋斗的结果。美国成了20世纪世界的第一大经济体。

然而，美国的繁荣绝对离不开它的大学的空前发展与壮大；还应当说，也绝对离不开哲学。

实际上，我们很容易联想到约翰·杜威、列奥·施特劳斯这样的哲学家对美国社会和大学的影响。

杜威、施特劳斯都是曾在芝加哥大学较长时间工作过的哲学家，芝加哥大学也可以说是由哲学孕育起来的。

芝加哥大学建校只比北大早六年，可以说是与北大同一时期诞生的大学。然而，芝加哥大学早已是世界顶尖的大学，它已经拥有80多位诺贝尔奖获得者。这种差异是多方面原因造成的。

芝加哥大学从开办伊始就秉承自由教育的传统，而北大所缺的正是这样的传统；芝大的历任校长几乎都是以哲学式的思维来办学的，并且都追求着纽曼所言的哲学性的目标，而北大历史上实际具有这种思想和目标又能较长时间任职的校长可能只有蔡先生。

在美国，如芝加哥大学这样的，还有斯坦福、伯克利、加州理工等众多院校。

如今，美国拥有世界上一半以上的哲学家，拥有世界上一半以上的专门性哲学刊物，而这一点也正是美国拥有世界上最高水平的高等教育的一个标志。

五、进一步说明

我们说的是人文科学、人文教育，为什么更多地说到哲学及哲学教育呢？

因为，哲学是人文科学中当之无愧的代表，最重要的代表。

最经典的文学著作是富于哲理的，最经典的艺术是为哲学提供乳汁的，在学问的最顶峰，是科学、艺术、哲学这三面彩旗一起飘扬的。

事实上，哲学是人类智慧的结晶，因而它给人以智慧；哲学是充满想象力的，因而它发展人们的想象力；哲学是既广阔又深远的，因而它能给人以敏锐而深刻的眼光，而这一切都是创造所必需的条件。

哲学是自由的女儿，是人类生产的珍宝。因而，它必定是灿烂夺目、琳琅满目的，必定是流派丛生、百花齐放的。

如今，我们中国的哲学在哪里？我们的哲学流派在哪里？我们能给学生以智慧和想象力、洞察力的哲学在哪里？我们繁茂的人文科学在哪里？

人文科学是人文精神浇灌出来的，而人文精神是一代人和几代人才能培植起来的。因而，人文科学的昌盛绝非一日之功，它在人文教育中的作用亦非唾手可得的。

人文教育是与教育的根本利益密切相关的，然而，人文教育也是最忌讳急功近利的。

大学里的某些建设属于硬建设，某些建设属于软建设。大学人文精神的构架正是一种软建设。实际上，一所大学的领导人的真正本领在软建设上。

灵魂指的是精神，是心灵深处的东西。人的灵魂是后天形成的，大学的灵魂也是后天形成的。大学的灵魂就是大学的精神，包括开拓的精神，创造的精神，批判的精神，对文明的追求与向往，对民族的热爱与忠诚，等等。

大学的灵魂从哪里来？谁能赋予大学以灵魂呢？大学的每一位员工，尤其是大学的校长。

然而，只有那些对人、对生命、对自己的民族最为虔诚的校长，在一个不太短的时段里，精心地耕耘，才可能在赋予大学以灵魂方面做出一点实在的贡献来。

从实际的途径来看，那就是持久地加强人文教育，也是使大学真正成为大学的一个根本途径。

人文精神存在于大学里的科学活动、教育活动的方方面面，无论是社会科学活动、自然科学活动、人文科学活动，都是依靠人文精神的。因而，人文教育是可以而且应当以不同方式、在不同意义下普遍存在的。

这更说明了人文教育在大学灵魂构建中的作用。大学若想要有一个伟大的灵魂，它是必须每年每月每天在人文教育面前祈祷的。

与人本相对的东西是什么

现在几乎人人都在说“以人为本”，但是否人人都追问过：为什么要以人为本呢？

回答之一是：人本为本。

但这一回答又会立即引起人们再问：“为什么人本为本呢？”

我们还可以换个方式来讨论，问道：“不以人为本的话，那以什么为本呢？”先把相对的、相伴的一些问题讨论一下，也许能更好地回答为何以人为本的问题。

与人本相对的，有神本。

中世纪的欧洲曾是政教合一的，神权高于一切，形成了神本位。神不也是人吗？但这个“人”与以人为本的那个“人”太不一样了。

与人本相对的，还有物本。

在资本主义的早期特别明显，资本至上，物欲横流。这就是物本，人没有地位了。

与人本相对的，也还有官本。

官本，亦即人们常说的官本位，它也是与人本位相对立的。官不也是人吗？但官是人之中的极少数，在官本位观念下，官就从一般人当中分离出去了。因而，官本之官与人本之人大不一样。官本位是封建社会的特征，如果一个社会还有浓浓的官本位，那它一定是带着长长的一条封建尾巴，不论它有什么样的现代外表，其实体之特征还在那里。

这样看来，神本、物本、官本就都要不得。都要不得了，那当然就只能是以人为本了。

这是一种排除法式的说理：其他本都不恰当，于是，人本才是正确的。于是就可说人本为本。

“真理面前人人平等”“法律面前人人平等”，这些说法太好了，好就好在这些说法体现了人本精神。

这些说法中出现了两个“人”字。为什么要说“人人”呢？这里所强调的是“每个人”，实际上，所强调的就是个人。

自由、平等，都是天赋人权，是每个人生而有之的。因而，说到底，人本位即个人本位。人权即每个人的权利。

人的尊严当然也是每个人享有的。法律前面人人平等，包括某个人违法了，乃至要依法坐牢了，其平等权并未丧失；并且，他在牢里的时候作为人的尊严同样必须得到保障。他坐牢前是人，坐牢时还是人。谁也无权改变。

有时，我们也说“这个人太不像人了”，甚至也可依法处决。这里，所谓不像人，是指人格（道德界定的）意义上的人；处决也是他作为人格意义上的人的资格被取消。

学校里以人为本首先体现为以学生为本，这是站在教师的立场上的先进观念。

站在校长立场上的先进观念，还得以教师为本，依靠教师开展教育活动，依靠教师去体现学生本位的观念。

显然，“生本位”应是对每个学生的。

每个学生的尊严（不论他成绩好坏，不论他个性张扬与否）都是神圣的。

每个学生在纪律面前平等。然而，纪律本身是维护每个学生的权利的，即使是违纪的学生，其尊严也是丝毫不应受到藐视和侵犯的。

学校里有很多神圣的东西，其中，首先就是每个学生的尊严、发展和进步。生本是神圣的。

创造是人的天性

亚里士多德说："求知是人类的本性。"

又说："人本自由。"

以上两句话，一说自由是天性，一说求知是天性。但是，自由加求知就等于创造，所以，创造也是人的天性。这可以简单地写成一个公式：自由＋求知＝创造。

对于创造，人们从许多不同的角度去理解，因而也用不同的公式表达。这里所写的公式，是一种可能性公式，是从天性的角度说的。

历史已经证明了，人类已有无数的创造，这些创造确实让人类改天换地了，让人类过上了越来越富裕、越来越便捷、越来越文明的生活，让地球发生了巨大的变化。

创造使具有求知本性的人类知晓了无数的事物。小到基本粒子，大到日月星辰；近到我们的脚下，远到数十亿光年外的星系；回首到盘古开天之时，遥望到未来的无限期；看到我们还没有来到这个世界时就已有的动植物，听到产生了宇宙的那声大爆炸……

人世间，天地间，充满了无数的神秘，可是，无论多么神秘，人总想探寻一个究竟。为什么？求知使然，人的天性使然。所以，人类不断地发现，不断地创造。

人世间，也有无数的欲望，正常的欲望包括生活得更好，不仅吃得饱，而且吃得好；不仅穿得暖，而且穿得美；不仅住得宽敞明亮，而且住得舒适开心……这种欲望好像不会有止境。为什么？因为人类依仗自己的自由天性而拥有这样的欲望，又依仗自己的求知天性而能够不断满足这种欲望。未曾有过的东西，自己去发明，去制造，也就是去创造。

可是，人的欲望不都表现在物质方面，实际上，这种欲望尤其表现在精神方面。只要有可能，人人都想知道得更多，知天知地知自己。这就是求知天性的表现，而精神领域里的欲望也格外反映了人的自由天性。

人人都希望自己拥有更多知识，这是普遍存在的精神需求或精神欲望。而且，也都希望自己有尽可能深刻的知识，不仅希望广博，而且希望深刻。不仅希望自己善于回答问题，而且善于发现问题；不仅常常思考，而且希望自己善于思考。越是自由地思考，越有可能学会思考，善于思考，善于求知。自由与求知联合起来，也构成了精神领域中的创造。

物质方面的发明创造，常常要依靠精神方面的创造。

我们在求知的时候，这个知有时是前人之所知，求知者即求得前人之所知；有时，知存在于自己或别人的经验之中，求知者即从经验中求知，善求者能对经验加以提炼，形成新知、深知。这也是创造了。

从书本中、从前人那里习得之知，善求者还会产生自己的心得，会举一反三，也许还能另辟蹊径，创立自己的一套知识。前人没有的，书本没有的，自己也能建立。这更是创造了。

求知带来创造，在求知中创造，创造中再求知。这当然是处在十分自由的状态时才更容易表现出来。

这里所说的自由，着重是思想自由。对于制作中的自由，往往是有更多思想的人能有更多自由，更多的自由思想为更多的自由行动创造条件。

反过来看更清楚，自由即不受束缚。当自己的思想在运行中不受束缚时，思想就运转自由，思想的触角就可能伸展到更远更深的地方去，伸展到意想不到的地方去。这当然就能增大创造的可能。

求知的天性也可能在后天得到发展，也可能受到挫伤。保护和发展求知欲，就是保护和发展自己的创造力。

珍爱自由，不断求知，必走向创造。这就是教育的使命。

做校长·做学问·做人

有一句话叫作“吃得苦中苦，方为人上人”。这句话被认为动机不纯，怎么可以做“人上人”呢？其实，对于“人上人”可以做不同的理解。一种理解是“骑在人民头上，作威作福”，这种“人上人”当然不好；但也可以解释为比别人做更多的贡献，吃更多的苦，经过更多的挫折与困难而比一般人更成熟、更坚强，更知道怎么做人。实际上，对这句话应是做后一种理解的，因为这种“人上人”是与“苦中苦”联系在一起的。

做校长的人是不是“人上人”？校长是教师的头，怎么不是“人上人”？校长要领导师生员工去办好学校，要站得高，望得远，要比一般教职员工境界更高，这不就是“人上人”吗？校长应当更辛苦，更操心，有更多的负担，也许还要经历更多的委屈，更多的艰难，能承受，能胜任，且毫无怨言，这不就是“人上人”吗？

吃得苦中苦，方为一校之长，这恰好说明了校长应有的一个特点，或者是校长应有的一种品格：比别人更苦，吃的是苦中最苦的，做的是累中更累的。

这句话如果稍加修改，例如将“人上人”修改为“人中人”，是不是更好呢？于是就变成“吃得苦中苦，方为人中人”。然而，这样一来，就在文采方面稍逊一筹了。只要是人，不就在人中了吗？“人中人”有何含义呢？

“苦中苦”的含义很明显，是苦中更苦的。苦是一个修饰词，人是一个名词，所以“苦中苦”与“人中人”的含义不同。苦差事中确有更苦更累的事，人之中有“更人”的人吗？

这里还有一个形式上的问题，人难道会不像人吗？在人已像人之时，还可以更像人吗？这应当是多少带有一点哲理的说法了。不然就不好理解。

人是一种了不起的生命，有自我意识。这种自我意识之中包含了这样一个珍贵的观念：人很看重自己，人看重人，于是常常自问：我们像人吗？我们真正成为一个人了吗？我们怎样才不枉为人？怎样才能把人字写好？

校长是人，然而，人们肯定期待他更像人，他更明白人之为人的真谛。于是，校长亦会是一位特别注意反省自己的人，检点自己的人，严于律己的人。

正是在这种意义上可以说校长实乃“人上人”。难道不应当这样吗？这样的校长会骑到师生员工的头上去作威作福吗？这不是与校长风马牛不相及的事吗？

也正是在这种意义上，可以说做校长首先就是在做人。反过来说道理可以说得更清楚一些：做人都做不好，能做好校长吗？做人还是一个前提性的任务。人人都要学做人，校长还应当学得更好一些。并且，他还要把“让学生学会做人”的使命扛在自己肩上，这不要求更高了吗？

当然，也正是在这种意义上，我们非常盼望校长们真正称得上是“人上人”。

做学问与做人，这两件事有联系，但又不是一回事。校长既要带领师生员工认真做人，学习做人，又要带领师生员工认真做学问，在做学问中更好地学做人；在做人之中学着更好地做学问。这才叫作学校，这才是校长应做的事。

于是，校长也要做学问，并且也要成为做学问的典范。他的学问不一定是做得水平最高的，但一定是一位认认真真做学问的，而且亦应是一位把做学问与做人这两件事融为一件事的人。在他的学问中还多了一项：如何做校长？这也是一门学问，并不容易做好的一门学问。所以，校长除了自己关于原有专业或学科的学问外，还得加上一门学问。吃得苦中苦，方能人上人；多经问中问，方能人上人。校长不易啊！

如此说来，校长需要把做校长、做学问、做人这三件事融为一体，方方面面都做得好，都很协调。这就是极有可能成为一位优秀校长的人了。

完全的人，完全的教育

人不只是完全，还十分完美，完善。

人不仅有触觉系统、消化系统、循环系统、排泄系统，而且有完备的神经系统。人能辨出五颜六色，人能尝出酸甜苦辣，人能听出抑扬顿挫，人能想到天南地北。

还是要思考一下：人本是完全的吗？

若人本是完全的，还需要完全的教育干什么呢？完全的教育不是为了人成为完全的人吗？

人有可能完全吗？如果没有这种可能，教育又能有何作为呢？

至少有一个前提：人可以走向完全。在此前提下，我们才会从事教育，以便让这种可能成为现实。

确实，当我们说人是完全的时候，事实上只是指人有这种根底，人有先天的胚芽和种子，它可以发芽、生长。让这种先天的完全因子，发育起来，生长起来，是因为有这种先天可能性。

一头牛，一个萝卜，都有其完全性。人跟动植物有区别吗？区别可大呢。根本的区别在两条。以萝卜为例，萝卜种子撒在地里，它自己就生长了，土质还可以的话，施肥与否关系也不是很大。因此，萝卜的本性基本上由先天决定了。

人当然不一样。父母的思想是一个样，子女的思想完全可以是另一个样；父母是商人，子女可以是学问家或者是牧师，是大主教。父母是“萝卜”，子女可以是“黄瓜”。

另一方面，人即使离开母体降临于世之后，开始的几百天都还要有人抱着、扶着、喂着，更要不停地教，从牙牙学语到博士，要教上二十多年！人在后天获得的东西很多很多，后天是决定性的（这与动植物先天是决定性的就根本不同）。

人主要是在心理方面、精神方面（包括知、情、意）在后天还有大量的习得与生成。这表明了教育的必要性。

人在生理上也有后天的发展，这与动植物也不一样。人可以在肌肉、骨骼上都获得健壮的发展，还可获得许多如舞蹈等优美技能。这又表明了教育中体育的必要性。

人的完全性，从大的方面来说，表现为生理与心理齐备；在心理方面，又表现为智力与情意的齐备；在智力方面，还表现为思维与实行的齐备；在思维方面，表现为直觉与逻辑的两翼；逻辑上也有由低级向高级的发展，在人作为人群中的人时，还有伦理道德上的发展；在各种关联中，都还包含审美发展。

人确实是可能很完整、完善、完美，从而完全的。而教育就是使每一位人都可能得到这种完美结局，成为真正完全的人。

许多先进的思想家、教育家，特别关注人；在特别关注人的时候，特别关注人的完全能得到保护和发展。

马克思曾因人在资本主义早期从事单一的体力劳动而担心人的片面、畸形发展。

纽曼曾担心人因单一的专业知识教育而不能成为自由、完全的人。

身处教育领域里的人们，一般都更关心这一点。于是就有关于完全教育的思想。

所谓完全的教育，有以下几层的考量。

第一层是保障学生在生理上和心理上都能很好地发展。这是第一层的完全。

第二层，既使学生在智力方面得到很好的发展，又使学生的情操也得到陶冶。

第三层，既使学生获得最必需的知识，又使学生很智慧。有知识并不等于很聪明，教育要让学生一年比一年变得聪明。

第四层是让聪明本身也比较完备，比如说，既会发现，又会发明；既能动手制作，又能想出抽象的原理来；既能出作品，又能出思想（思想也可能在作品中，可是，作品弄得不好就没有什么思想）；既能形象思维，又能抽象思维；既能一步一步逻辑推理，又能自由想象。

为了有完全的教育，认识上、教学上、课程设置上、训练上都要做很多很多的事。

完全的教育确实是很让人操心的，而这又是最值得的。

再论独立人格

我们已开始重视个性教育。可是，在心理学意义上，个性即人格，因而，个性教育就是人格教育；并且，个性是个人自己的心理品性，因而，强调个性，就是强调独立的心理品性，也就是强调独立人格，个性教育也就是独立人格教育。

充分理解独立人格的意义，才能充分理解个性教育的意义。

人的权利，是必须具体到一个一个的人的，人的尊严，亦必如此，人的教育也应如此。

根本的观念，在于是否承认每个人都是独特的，都可以而且应当是独特的。人因独特才成为人。如果这是一个理论问题，那么，这正是个性教育、独立人格教育的理论依据。

还有进一步衍生的理论，个性的充分发展，就是创造性的充分发展；人格独立，就是人格走向道德高地的基础。

人不是生活在群体之中的吗？不是都在社会之中吗？有可能独立吗？

人穿的衣服不可能都由自己去做，人住的房子也不可能都由自己去造，人念书也不可能都只念自己的书，何况，出版一本书也不可能都由自己去干吧。但这都是指物质方面的。

精神方面的，就都能自己做了吗？古文，能不要人去教吗？数学，不要人教吗？但是，一方面，自己是作为一个独立的人去接受教育的，另一方面，是否努力去学，以怎样的心情和态度去学，这都是自己的事了。

衣服可以跟别人穿得一样，鞋子也很难每一双都穿得跟别人不同。但是，别人是一个怎样的思想，我也一定要是一个怎样的思想吗？别人是一个怎样的风格，我也一定要是一个怎样的风格吗？那么，哪来的蔡元培？哪来的鲁迅？哪来的巴金？

所谓独立，就是不依附。不依附人，不依附于钱，不依附于权。不可能不跟人来往，也不可能不跟钱与权往来，但决不能依附。甚至，子女不可能不跟父母往来，但不能依附于父母。学生不可能不跟教师往来，但优秀的教师都希望青出于蓝而胜于蓝，希望教是为了不教。

不是还需要团结互助、合作共事吗？然而，越是具有独立人格，越懂得合作的意义，越能在合作中发挥更大的作用。

封建社会，是官本位社会。资本主义社会，是物本位社会（或资本本位社会）。封建社会以人对人的依附为特征，资本主义社会以人对物（或钱）的依附为特征。未来的理想社会，是自由人的社会，既不依附于人，也不依附于物，人都是自由人，即独立的人。

先进的思想家、教育家，在封建社会、资本主义社会里，也会保持和发展自己的独立人格。否则，他们成不了教育家，成不了思想家，而先进的社会则盼望人们具有独立人格（独立思考是独立人格的一部分），并努力创造良好的社会条件，以保障人们的独立人格，努力消除依附存在的土壤。

教育领域应当是走在社会前面的，应当是更加懂得独立人格与教育的关系的，更加懂得独立人格对于人的发展的决定性作用。因而，不论社会本身先进与否，不论社会醒悟到什么程度，都要率先垂范。并且，如果做得好，还会推动社会进步，还会促进社会发展。

今日的中国不是也在关注杰出人才吗？钱学森不是曾质疑中国教育为何培养不出大师吗？其实，独立人格的培养便是杰出人才培养中最不可缺少的。不以唯唯诺诺为羞耻，不以人云亦云为耻辱，会有好的教育吗？会有杰出人才吗？即使是可能的未来之星，也会在依附中夭折，也只能有平庸和肤浅。

不独立，就不可能走向深刻；不独立，就不可能走向真正的创造；不独立，就不可能成为真正的人。教育能不肩负起培养独立人格的民族使命吗？

人与劳动

一、恩格斯的论述

有本辞典作了这样的叙述："劳动不仅形成了人手，促进了语言的形成和猿脑向人脑的转化"，还"造就了社会化的人"[①]。这些话有道理吗？

人究竟是日益社会化了，还是日益个性化了，稍后再议，先分析一下这段话中的另一些含义。

若果真如此，那么，劳动对于语言的形成只是促进，对于猿脑转化成人脑也只是促进，而对于人手就不只是促进了，而是形成，即劳动形成手。

促进是一个模糊的说法，直到如今还可看到人的活动对人的语言和脑功能发展的作用。然而，对于劳动形成手，这不是哲学所能证明的，而应是科学。至于猿脑能否转化为人脑，如何转化为人脑，这恐怕也只是哲学可以想象，却不能论证的。至于（有声）语言的产生，有生理学和考古学的共同考证，这大约发生在200万年前，而文字语言的产生，则只是几千年前的事，而早已存在的劳动对于语言形成的作用并无事实证明。

促进一类的说法放在生物进化论的早期学说里可能是适当的。然而，无论什么样的进化论，没有分子生物学的说明就是不够的。人类的起源与意识的起源仅仅用达尔文的物种起源学说是无法解答的。至于如何用分子生物学及其他学科来阐明，仍然是最为艰难的课题。哲学所能说明的并不多。

《劳动在从猿到人的转变过程中的作用》一文是载入《自然辩证法》一书的，是自然哲学（而非自然科学）方面的论文。善于从他那个时代的最新科学成果吸取营养而进行哲学分析，是恩格斯能做出重大理论贡献的重要原因之一。他特别高兴地看到了他那个时代的三大发现（细胞、能量转换原理、进化论）。如果恩格斯还在或仍有具备如恩格斯那样的精神、哲学思想的人在，那么，对于20世纪以来的另外三大发现（相对论、量子论、分子生物学），定会有新的感悟。

恩格斯运用的是进化论的观点，他并未说"劳动形成了人手"，而是说，劳动中，"手变得自由了，并能不断获得新的技能，而由此获得的较大

---

① 冯契．哲学大辞典［M］．上海：上海辞书出版社，1992：742．

的灵活性便遗传下来，一代一代地增加着”，于是，“人的手才达到这样高度的完善”。显然，完善、增加、遗传、“逐渐地过渡”等都是关于进化状况的描述。手早已形成，而且在劳动中完善，增加灵活性，并非在劳动中形成手。是形成了的手在劳动中完善，“劳动形成了手”是辞典的说法而不是恩格斯的说法。

至于手本身是怎样形成的，人脑是怎样形成的，意识是怎样形成的，人是怎样形成的，这些问题如果没有分子生物学（产生于20世纪中叶，恩格斯逝世半个多世纪之后）以及生理学、分子遗传学（较之细胞遗传学又进了一步）和考古学的进一步研究，是难以回答的。所以，关于“劳动形成了人手”的说法是过于武断了。

“劳动创造了人本身”，这个话恩格斯说过，但引用稍微完整一点，应是：“劳动是人类一切生活的第一个基本条件，而且达到这样的程度，以致我们在某种意义上不得不说：劳动创造了人本身。”①可是，我们这里的哲学把恩格斯的“在某种意义上”去掉了，把“不得不”也去掉了。这个“某种意义”指的是什么呢？也就是恩格斯所说的劳动使人的手完善，促进语言、脑及人体的其他部位的发展，并且是“人类一切生活”的第一个基本条件，在这个意义上说“劳动创造了人本身”。这个意义决非直接创造的意义，决非生成或形成的意义。把“在某种意义上”一去掉，当然就成了绝对的、直接的意义了，若真是直接的、绝对的意义，恩格斯何必还说“不得不”呢？

恩格斯还说了“真正的劳动”这一概念，并接着说“劳动是从创造工具开始的”②。从制造工具开始的劳动是真正的劳动。这里，恩格斯事实上对劳动作了一个区分，区分为制造工具之前与之后的劳动，后一类劳动被他称为“真正的劳动”。这也是人类区别于猿群的标志。“人类社会区别于猿群的特征在我们看来又是什么呢？是劳动。”③是制造工具并凭借工具的真正的劳动，而猿群与人相区别之点正在能否制造工具上。所以，详细说来，制造工具、凭借工具，是对真正的劳动而言的。

人类何时开始制造工具呢？恩格斯当时尚无相关研究让他具体指明这一点。制造工具，应当与石器时代的到来有关，而这是250万年以前的事。那么，此时便可说人开始了“真正的劳动”。然而，无论如何也不能说700

① 中共中央马克思恩格斯列宁斯大林著作编译局.马克思恩格斯选集（第四卷）［M］.北京：人民出版社，2012：373－374.

② 中共中央马克思恩格斯列宁斯大林著作编译局.马克思恩格斯选集（第四卷）［M］.北京：人民出版社，2012：379.

③ 中共中央马克思恩格斯列宁斯大林著作编译局.马克思恩格斯选集（第四卷）［M］.北京：人民出版社，2012：378.

万年前至250万年前的这400多万年里的人类是不劳动的，区别只在于工具。况且，在精神劳动正式进入人们的视野时，工具的意义也有了变化。

劳动三要素之下的劳动，可能就是这种“真正的劳动”。然而，工具是谁制造的呢？人。因而，是人创造了真正的劳动。同时，在这种“真正的劳动”产生之前人就存在，他们也劳动（尚无工具），他们也是劳动的创造者。无论是哪一种情况，都表明是人创造了劳动。在人于劳动中也完善、发展了自己的意义上，也可以说劳动创造了人本身。

是因为有人才有了劳动，这是基本的前提；进而人又在劳动中发展，在劳动中创造，而不是先有一个劳动在那里，而后它创造了人。严格地说，人类区别于猿类的是人所拥有的劳动。

“劳动先于艺术”的说法也是可以质疑的。科学家们证实，人的美感是天生的，古代人亦然。劳动与艺术活动一先一后的论断并没有史料的支撑，最原始的人类艺术活动的存在并没有史料来否定。倒是“艺术必定先于语言”的结论已得到了考古学的证实。

二、关于精神劳动

关于劳动的三要素说是十分流行的，要素之一即劳动者，亦即人；之二是劳动工具；之三是劳动对象。工具是从哪里来的？是从人那里来的，人制造了工具，人制造了劳动要素。人是劳动的主体，又创造了进行劳动的基本要素，三要素说本身也能说明：人是劳动的主宰，人创造了劳动，而决非劳动主宰人。劳动也创造了人，那是在某种意义上来说的，是在人创造劳动的根本前提下说的。

劳动必先于工具出现，在工具出现的过程中，劳动就必然存在，并且，工具的出现只意味着劳动条件的改善，并不意味着劳动自此才开始。

动物谋生的行为叫活动，人谋生的行为也叫活动，但还可叫作劳动，而动物则只是活动。两者的根本区别，与其说是工具，不如说是思想，不如说是人不只靠本能而活动。人为什么能制造工具？为什么能制造越来越复杂的工具？因为人有思想。

所以，把制造工具作为人劳动的根本标志来看待的观点，还是远远不够的。逻辑是这样的：人因有思想，有思想指挥下的手，才导致了工具的出现，且日益有效，由此才产生了三要素说意义之下的劳动，才有了区别于动物的活动。

人有手，故能攀爬，能采集；人有足，故能行走，能奔跑；人有饥寒，故人要充饥果腹，人要遮体保暖……然而，这都是本能，与动物区别不大。根本在于人有意识有精神，有思想，人依靠这些唯独属于人的东西，使人的手延伸，人的足也延伸，制造出各种工具帮助手，帮助手进入无人之境；制造出各种交通器具，帮助足日行千里。

能工巧匠，何以能？何以巧？心灵手巧，是因为心灵，才有手巧。劳动的根本标志在哪里呢？这还不清楚吗？为什么说是人创造了劳动呢？因为是人创造了工具，因为人有思想才创造了工具，因为人还可让自己在还没有工具的条件下也心灵手巧。人才是创造者，人才是可以依靠才智而非本能而行动的创造者。

可以说，人的劳动一开始就具有精神劳动的性质。物质劳动这样的术语所反映的是片面的事实，劳动并非只是依靠物质（如工具）又作用于物质（如自然物）的活动。

人的劳动最基本的特征体现在精神的作用，思想的作用，因此，能把劳动说清楚吗？即使是三要素说意义上的劳动，也是精神与物质的联合作用下的活动。因而，一开始的劳动就不宜被称为纯物质活动，纯物质活动属于动物界。

人的劳动的基本标志是人的精神与思想，断了手臂的人也能劳动，双目失明了的人也能劳动。因而，与其说是劳动神圣，不如说是智慧神圣。越思想，越光荣；越智慧，越光荣，越神圣。我们歌颂劳动，首先是歌颂思想，歌颂智慧；歌颂劳动，首先是歌颂人，根本是歌颂人。劳动神圣，亦人之神圣。能把劳动从人剥离开去吗？有置身于人及其思想之外的光荣劳动吗？

人的精神一开始就进入劳动之中，然而，精神在劳动之中的成分、作用、性质都是变化着、发展着的。人类进入农业时代，劳动就较大程度地依靠精神，人对自然（包括季节、土壤、种子，等等）的认识、工具的制作、牲畜的圈养都依靠了思想。

进入工业时代，劳动就在更大程度上依靠了思想、依靠才能了。与工业革命并行的是近代科学的诞生，没有近代科学就不会有如此巨大的生产力发展，换句话说，工业革命也意味着劳动性质的革命性变化，精神、智慧在劳动中的作用有了极大的增长。表面上，是蒸汽机的发明，火车的发明，电报、电话的发明，各种机械的发明，生产力水平的迅速上升，实际上则是精神劳动的地位、比重的增长，作用的更大发挥，劳动越来越不表现为手提肩扛，越来越不依靠人的肌肉与骨骼的强壮。物质的大量涌现不再主要是靠物质。

后工业时代的经济谓之信息经济、知识经济，而与之并行的则是知识爆炸。表面上看，是二战后科学技术的飞跃发展，尤其是信息技术的发展，实际上是人脑在劳动中作用的又一次翻天覆地的变化，也就是说，精神劳动更加成为劳动中的决定性因素。

如果说农业时代的产品主要是谷物、蔬菜、水果，工业时代的产品主要是机床、汽车、轮船的话，那么，信息时代的产品主要是信息、知识和相应的技术了。知识本身成了产品，人们拥有产权的不再只是房屋和汽车了，人们对自己生产的知识也拥有产权了。劳动凝结在产品上，农业产品更多的是汗水凝结于其上，工业产品是汗水与技术一起凝结于其上，知识产品则主要是知识与智慧凝结于其上。这些深刻的变化，越来越显示出人的思想、精神在劳动中的作用，也越来越显示出人在劳动中的地位，越来越清楚地强有力地表明，是人创造了劳动。

人既创造了劳动的过程（人在事前的周密预设主导着这一过程），又创造了劳动的结果（产品）。人将自己“内在的尺度”运用于劳动的过程和产品上，将自己的美学尺度凝结在产品上，将自己的意念凝结在产品上，将自己的思想、精神等等凝结在产品上，故而有“文如其人”“品如其人”。人创造着一切，人的劳动的根本特征即创造，经由创造去生产一切。

从农业时代，到工业时代，再到后工业时代，其间劳动性质的变化，都是因为人的巨大作用而发生，都显示着人的巨大力量，尤其显示人的精神的力量。产业被人们分为第一产业、第二产业和第三产业。粗略地说，这三种产业中，物质与精神之比，分别为7∶3，5∶5，3∶7。

所谓第三产业，即知识或精神在其中占有最大比重的产业。上述比例只是一个粗糙的刻画。实际上，在原始的农业中，7∶3的比例还达不到，而在高度发达的农业中（离不开高度发达的工业和信息技术）7∶3的比例也许还不足以描述它。

目前，还只有一部分国家进入了后工业时代，它们的第三产业比重已在70%以上。也就是说，它们产品的知识附加值比例极高，有些产品本身即纯知识形态的。

我们国家还处在工业化的进程之中，第三产业的比重正在上升，但整体上距离信息经济、知识经济还相当远，我们的知识附加值还处在极低的水平之下。

信息经济、知识经济时代的到来，距马克思、恩格斯在世之时，已有上百年了。如果他们看到这种情况的出现，他们会非常高兴。这从恩格斯在马克思墓前的演说中可以看出：“任何一门理论科学中的每一个新发现——它的实际应用也许还根本无法预见——都使马克思感到衷心喜悦，而当他看到那种对工业、对一般历史发展立即产生革命性影响的发现的时候，他的喜悦就非同寻常了。”

如果马克思、恩格斯看到20世纪后半叶以来发生的巨大变化，他们必定会有很多新的思考，包括对劳动的思考，对资本的思考，当然，更有对人的进一步思考。不知他们是否预料到，无数具有“革命性影响的发现”汇集起来，带来了整个人类的革命性变化。

人因为天生有意识、有思想、有精神，所以它的活动被称为劳动。高级的意识活动唯独属于人，所以劳动唯独属于人。劳动唯独属于人，因而唯独人创造了劳动。人的思想发展着，智慧增长着，故而，劳动也变化着，变得越来越有效，越来越高级，人继续创造着新的劳动。人的劳动一开始就包含了精神劳动，尔后精神劳动的地位越来越高，纯精神劳动及其产品成为人类创造劳动达到一个空前高峰的标志。人既创造了劳动的过程，又创造了劳动产品，创造了劳动的全程。人还创造了无数不同形式、不同内容、不同性质的劳动，人创造了无数种类的劳动。最初的劳动似乎纯粹是物质性的，纯粹为了人的物质需要，其实，人类的精神需要在人类的远古时代就已存在，劳动的精神性质不仅在劳动的设计、策划和管理中存在，在满足需求上也存在，并日益发展。人永久地需要物质生活，因而需要物质劳动，需要越来越丰富的物质，然而，一方面，这将越来越依靠精神劳动；另一方面，人类也有超乎物质需要的精神需要，因而精神劳动的地位也越来越重要。精神劳动更显示了人创造劳动的真理。

在某种意义上也可说劳动创造了人，但那是人在创造自己，人通过劳动在创造自己、发展自己，人创造了完善、完美自己的创造物——劳动，人创造了可在其中创造自己的创造物——劳动。

劳动光荣，那是人的光荣；劳动神圣，那是人的神圣。我们歌颂劳动，就是歌颂人；我们赞美劳动，就是赞美人。我们说劳动创造历史，那就是人创造历史；劳动创造世界，那就是人创造世界，一个新的物质世界，一个从无到有的辉煌的精神世界。

人的教育需要人的课程来支撑

人的教育需要人的课程来支撑，来体现。学校建设在很大程度上就是课程建设，校长是否优秀在很大程度上取决于他在课程建设上是否优秀。人的课程应成为一个基本的概念，人的课程的建设应成为学校的一项基本的任务。

我们先简单地说一下人的教育，然后主要讨论人的课程。

一、关于人的教育

教育的异化并不是罕见的现象。教育中的工具理性、器物理性是大家所熟知的，建立在对人缺乏理解基础上的教育更是不难见到的。1984 年有一部著作，在讨论到学生是什么的时候说“学生是人”。这是一个极平凡的命题，又是一个极重要的命题。

教育促进人的发展，促进经济的发展，促进社会政治文明的发展，这些作用都是存在的。然而，现在我们已经明白，教育既不是经济本位的，也不是政治本位的，而应是人本位的。那种真正体现了人本位观念的教育就叫作人的教育。

2004 年，人权也写进了庄严的《中华人民共和国宪法》（第 24 条）。同时，以人为本在逐渐成为中国社会的现实。教育尤为欣喜地看到这一伟大进步，教育有了更大可能回归自身的本真。

人的教育，可以进一步解释为从人出发的教育，以人本身的发展为目的的教育，同时又依据人的特性（表现为个性）展开的教育，以最适合人的成长的知识并采用最适合人的方式实施的教育。

人的教育当然也关注人对社会、对自然的了解与尊重，然而，这是辅助性的，其根本还在于让人得到更好的发展。

教育的根本在于使人成为人，并且“人只有依靠教育才能成为人”“只有人能教育人”①。

只有真诚地从人本身的发展出发的教育才是最强有力的，才是能对经济发展、社会发展产生最强有力影响的，反之，若以经济或其他社会目的为立

① ［德］康德. 论教育学［M］. 赵鹏等译. 上海：上海人民出版社，2005：144.

足点的教育，恰是相对虚弱的教育。这就是教育的辩证法。

教育本是因人而生的，因而它本该因人而长，而发展壮大。果真如此，这就是人的教育。然而，它必须落脚到所有的课程上去，让课程本身为人而生、因人而长。

二、人的课程及其特征

学校教育是通过课程来实现的，尤其在广义的课程概念之下更如此。课程被视为学生可习得的一切文化的总和，而学生实际上是在这种泛文化意义上的课程中去习得、去成长的。

人的教育是通过人的课程来实现的，这一点没有疑义了。

需要进一步讨论的是人的课程本身。接着当然会问：难道有非人的课程吗？

我们有语文课程、音乐课程、体育课程、数学课程、化学课程……难道它们不都是人的课程吗？

可是，我们可以比较一下，同是数学课程，有的更像是人的课程，有的就离人比较远；同是体育课程，有的更像是人的体育课程，有的就还差得很远。

人本应当于其中活灵活现的课程，却让我们很难看到人；本应是充满着人的意念、情感的课程，却让我们很难看到那个唯有人才有的精彩世界。即使是物质科学（如物理、化学）方面的课程，在那里也不应当是只见物不见人的，然而，遗憾的是，在那里我们更难见到人。在课程里，我们更多看到的是威严、清冷，更多看到的是条律和指令。人的世界离课程是那样遥远。这种情况使得人的课程概念具有很现实的意义。

我们首先描述一下人的课程应有的特征，以便对照现实中的课程与它的差异。

1. 它不只是述说着真理，也应是闪耀着思想的。

真理是凝结着的，思想是活跃着的；真理是经由思想而获得的，看到思想的过程能更好地理解真理，同时，看到思想的过程才能让学生更好地看到人。

2. 它不只是静态的、物化的，也应是流动的、人化的。

思想也可能被凝固。对思想的阐述免不了共时性考查（或切断考查），但思想的实际存在是历时性的，因此需要流动地考查，也称之为人化的考查，让学生不仅看到人，还看到活生生的人。

3. 它不只是思想流、思维流，而且是情感的流淌、意志的奔驰。

数理化课程最容易变成概念、命题与推理之间的变换与流动，其实，它们都是有人的情意参与的。课程在提供给学生时，不仅需要让他们感到思想的动态，也要让他们感到人的情意于其中的跳动。唯有如此，才可能让课程是生动活泼的。即使是语文课程、音乐课程，也并不是在不加特别关注的条件下就可自然做到这一点。

4.它不只是供认识、供思索的，而且是供欣赏、供品味的。

课程的传递不只是呈现在知识发生过程中人投入的情意，教师本人亦应有情意的投入，并唤起学生情意的投入。只有当他们进入欣赏、品味的境界时，才可能发生这一类投入，这不只是多动脑的问题，还有多动情的问题。无疑，这是课程达到更佳效果所必需的。

5.它的呈现方式不仅是平实的、生动的，而且是亲近的、情深意长的。

一般教师都会明白，学生对教师的亲近和喜爱是与对该教师承担的课程的亲近与喜爱连在一起的，甚至是通过亲近课程而亲近老师、亲近学校的。情意投入的积极结果就是亲近，消极结果则是远离。当学生的投入获得积极结果时，当他亲近课程、亲近学校时，他本人也得到最好的回报。

6.它不只是耳提面命，而且带来自由生长。

教师容易成为课程的主宰者，然而，优秀的教师努力让学生成为主宰者。耳提面命是难免的，但唯有学生达到自我提示、自我指令的状态时，人的课程才真实地呈现出来，在那种状态下，学生实际上获得了课程学习中的自由，并在自由中生长。

7.它不是居高临下的唠叨，而应引发无限遐想。

唠叨者常常是居高临下的，这里所言之重点是教师要避免唠叨，这样也就在很大程度上避免了居高临下。不仅在课程的编制中给学生留下遐想空间，而且在课程实施中也不要填满了这个空间。编制与实施之中都应是便于学生进入的。所谓人的课程，既是教师的课程，更是学生的课程，学生易于进入，进入之后易于遐想，易于品尝。

8.它不是冷漠的说教，而是让受教育者感到站在自己面前的不是教育者，让教育者感到站在自己面前的不只是受教育者。

只有当教育者与受教育者在课程中共同发展时，当他们在课程中角色的界限相对模糊时，课程才能更好地变为人与人心灵之间的呼应和观照。

9.课程在人中，人在课程中。

这是一个概括的说法，也就是关于人的课程的特征的基本表达，上面各要点均体现这一精神。

三、人的课程的实施

人的课程的精神实质不仅应体现在编制、撰写过程之中，更应体现在教师的进一步实施之中。无论多么好的教科书，也还需要教师让它活起来；甚至不太活的教科书，活的教师也能让它生气勃勃，充满人气。

教语文，能让学生有语感；教数学，能让学生有数感；教音乐，能让学生有乐感；教体育，能让学生有球感……当学生不只是通过课程而认识，并且还感受、体验的时候，学生才可能将自己的感情也融于其中。当学生有了语感、数感等等的时候，他与课程才真正贴近了。

课程是生命的唤起，是知情意的整体唤起。课程的崇高使命是实现“从无知到智慧的过渡，从缺乏到充足的过渡，从缺陷到完善的过渡，用希腊人的说法，就是从无生命到有生命的过渡”①。从无知到有知不一定到达了智慧，从少知到多知不一定到达了完善，仅有知不一定形成生命力。课程不只是传递知识，课程还启迪生命意识，课程伴随生命成长。

课程的习得需要情感，课程的习得也能陶冶情感，课程还可生成态度、信仰。这才体现了课程的人化。

学了伦理学，不一定就有道德；学了社会主义常识，不一定就信仰社会主义。信仰与态度的生成对课程提出了更高的要求，并非课程的实施都能达到这种高度。

几何两千多年之前就进入了课程，流传至今，中学生都还要以不同方式、在不同层次下学习。似是抽象的、纯逻辑的几何学抚育了无数的人，其中包括大量的大科学家、大思想家。整个文艺复兴就受益于古希腊理性主义，对几何的理性信仰是一个典型代表。不仅伽利略、开普勒、牛顿、笛卡儿这一批开辟了近代科学的巨人受到了几何课程教育（当然其中含有理性主义教育）的深刻影响，而且如斯宾诺莎、康德等一些大思想家也深受此影响。

几何作为课程仍存在于我们今日的中国基础教育之中，但是，它是作为人的课程而存在于我们的教育之中的吗？如果不把几何课程与人的思维发展联系起来，与人的理性发展联系起来，与人的信仰、态度生成联系起来，几何课程怎么可能走向人的课程？怎么可能有如它在欧洲产生的那么深远的影响？

后现代课程观很强调故事在课程中的作用。然而，所谓故事即过去了的事，所以，后现代强调的恰好是前现代，是历史。但无论如何，它强调故事本身并没错。为什么呢？因为课程本身是故事酿成的，当课程再呈现于学生面前的时候，最易让它活起来的就是它酿成的过程，而故事能生动地描述这个过程。故事不仅是过去了的事，而且是由人演绎出来的，这就是诸如数

① ［美］杜威．民主主义与教育［M］．王承绪译．北京：人民教育出版社，2001：349．

理化一类的课程也可以由故事来演绎的原因，同时，如果课程的具体实施者注意到了这一点，他就有可能通过故事而使课程活化、人化。

教师们希望手头上有很多的教学参考书。编撰者们不妨围绕着中小学的一些课程编写一些教师们可用的故事集。其资源是极为丰富的，可以挑选一些紧扣教材的、易于引起兴趣的、有利于形成良好态度和信仰的典型故事，从而形成极佳的教学参考书。

课程的改革不一定是文本的变来变去。事实上，基础教育的一些基本内容相对具有更高的稳定性。虽然这不意味着文本总是纹丝不动，但是，课改的许多功夫还要花在教师对课程的处理上，还要花在为教师们编撰一些切实有利于他们推进教学改革的参考书。当然，这一工作也可在教师教育的早期就加以注意，这与后续工作的必要性并不冲突。

在讨论到课程的实施的时候，我愿意提起 2003 年针对后现代课程观的代表人物多尔提出了“四 R”思想，在当年的《课程·教材·教法》第 11 期上发表的“五 I”课程构想。这“五 I”指的是，信息（Information）、兴趣（Interest）、质疑（Inquiry）、直觉（Intuition）、智慧（Intelligence）。实际上，这里所说的是：信息比狭义的知识更重要，兴趣比祈使更重要，质疑比聆听更重要，直觉比逻辑更重要，智慧比知晓更重要。这五个方面又可概括为一个意思：更关注那些能体现人性的一面，更关注那些使人获得更好发展的一面，同时，也不要忽视另一面（知识、祈使、聆听、逻辑、知晓）。因而，笔者仍认为，“五 I”课程思想是表现人的课程的思想，也是课程实施者可继续追寻的一种思想。

人们喜欢含蓄，教育为何那样直白

——人们把写作说成笔耕；

——人们称老师讲课叫作站在三尺讲台；

——人们把讲得好的课叫艺术，叫享受；

——老师把学生叫作弟子；

——学生把老师叫作园丁；

——学生与老师的关系密切被叫作零距离；

——年轻人不说崇拜者，而说“粉丝”；

——老年人不说后来者，而说青出于蓝；

……

总之，人们喜欢含蓄，喜欢隐喻，喜欢幽默，喜欢故事，喜欢留下一点空间。

我们再回过头来看中国的教育怎么说。

——学生受了处分，学校发个公告：“为了消除影响，教育大家，现决定给予×××记过处分。”为了教育，直白得很；

——“今天请来×××向同学们做一场报告，讲的是人生观，对大家进行人生观教育”，报告开始了，教育的报告开始了。报告的目的很明确：教育；

——明天要组织去参观××纪念馆，那里挂了一块牌子：爱国主义教育基地。我们去那里接受爱国主义教育。参观的理由也很明白：教育；

——跟学生谈谈话，被叫作思想教育；

——搞一个军训叫纪律教育或国防教育；

——举行升旗仪式叫作爱国教育；

……

总之，教育，教育，除了教育还是教育，好像教育只有一个名字：教育。

教育真的就只有一个名字，没有别号，没有代称，没有隐喻，没有含蓄吗？

杜威说“教育即生长”“教育即指导”“教育即生活”“教育即发展”……其实，杜威的这些说法还是不够的，“教育是什么”是十分丰富的论题。

实际上，我们常常还需要思考“教育不是什么”，这可以使教育自身的丰富性更充分地显示出来。对“教育是什么”的理解的贫乏与对“教育不是什么”的理解的贫乏是密切相关的。

首先，我们可以看到，教育不是恩赐，而是权利；不是责令，而是享有。获得教育是每个人的权利，是每个人的享有；教育不是某个人或某个组织手中的工具，而是任何普通人自己的事业，是为着自身发展的事业。

教育是亲近，不是摆布；教育是欣赏，不是指示；教育是建议，不是命令……教育只被理解为教育，处处贴上教育的标签，处处都那样赤裸裸的，恰好证明是没有真正明白教育的含义。

教育是辅导，不是取代；教育是启迪，不是耳提面命；教育是促进，不是灌输；教育是疑问式进入，不是处处皆为有判断介入；教育效果不是预设的，而是生成的。

教育是交谈，不是唠叨；教育是对话，不是单口相声；教育是心灵映照，不是聚光灯下的背影……教育是成长中的人与还在进一步成熟的人之间的心心相印。

学校里，教育无处不在，但它不是被挂在嘴边的；教育的无处不在是以潜在的方式存在于每个人心灵中的。

为什么教育不要贴标签、挂招牌、喊口号、贴标语呢？为什么需要隐喻、含蓄而不要那样强势和张扬呢？

第一，教育中虽然有教育者与受教育者之分，但是，没有任何人只是纯粹的教育者而自己不再受任何教育，同时，任何人也不是纯粹的受教育者，学生也是自己的教育者，并且也给教育者以各种不同的启示，促使教育者也受着自己或他人的教育。

第二，那些强势的、张扬的，自以为是“纯粹”的教育者的教育，一开始就拉大了自己与受教育者的距离，这使得受教育者与这些“纯粹”教育者一起思考、一起感受的可能性变得极小。

第三，隐喻、含蓄、多义、幽默……不仅可以带来愉悦、亲近，而且可获得更大的思维空间，以更活泼的方式进行人生体验。

第四，从根本上说，教育中的活动，学生的活动，归根到底，是受教育者自己的活动，自己的成长。强势的教育，板着面孔的教育，把自己与受教育的活动完全切开的教育，也就是从根本上不明白自己的教育，最远离教育的教育。

论人的课程

我们尝试着把“人的课程”作为一个专门的概念来看待，并在此做一个初步的讨论。

一、人的课程

学校事实上是通过提供课程来提供教育的。假定教育已经意识到自己是人的教育，然而，如果课程还不是人的课程，那种意识就还只是意识而已。没有人的课程，人的教育会在何方？

我们有语言课程、文学课程、体育课程、数学课程、物理课程……难道它们不都是人的课程吗？人教着，人学着，还会不是人的课程吗？

可是，我们可以比较一下，同是数学课程，有的更像人的课程，有的就离人很远；同是体育课程，有的更像人的体育课程，有的就还差得很远。

人本应当于其中活灵活现的课程（如哲学），却让我们很难看到人；本应是充满着人的意念、情感的课程，也让我们很难看到这些唯有人才有的精神世界。即使是物质科学方面的课程，在那里也不应当是见物不见人的，然而，不幸的是，我们更难看到人。在课程里，我们更多看到的是威严、清冷，更多看到的是条律和指令。人的世界是那样的遥远。

二、人的课程的特征

在物质科学中，我们看到的只是物质吗？从纯粹的科学课程中我们当然只能看到表达力与加速度关系的 $f=ma$，表达万有引力的 $F(x, y, \cdots\cdots)=0$ 等，这里没有人。可是，人在科学的诞生过程中早已把自己的光芒投射于其上了。

数学更具有纯粹的形态，在 $F(x, y, \cdots\cdots)=0$ 之中，不仅看不到人，也看不到物。可是，在数学的发展历程中，充满了诗情画意，充满了激情与喜悦，在数学的那个世界里，可以看到人世间的一切美丽与灿烂。

后现代课程观中有一个关于“三 S”的思想：科学（Science）、故事（Story）、精神（Spirit）[①]。“三 S”偶然地揭示了科学、故事和精神三者之间的关系，在科学的故乡，有故事的海洋，精神的殿堂。

---

① ［美］多尔. 后现代课程观［M］. 王红宇译. 北京：教育科学出版社，2000：2.

这些已经让我们有足够的理由认为，即使是科学课程，也应当成为人的课程。

“人的课程”可以具备以下一些特征：

1. 它不只是在述说着真理，也应是闪耀着思想的；

2. 它不只是静态的、物化的，也应是流动的、人化的；

3. 它不只是思想流、意识流，而且是情感的流淌、意志的奔驰；

4. 它不只是供认识、供思索的，而且是供欣赏、供品味的；

5. 它的呈现方式不只是平实的、生动的，而且是亲近的、情深意长的；

6. 它不是耳提面命，而是带来自由生长；

7. 它不是居高临下的唠叨，而是引发无限遐想；

8. 它不是冷漠的说教，而是让受教育者忘却自己是受教者，教育者忘却自己是教授者，他们在边界模糊的空间里畅快地交流，共同发展；

9. 人在课程之中，而不是在其外；课程在人之中，而不是在其外，人与课程之融合成为主客体融合的融化剂。

“人的课程”的崇高使命是实现“从无知到智慧的过渡，从缺乏到充足的过渡，从缺陷到完善的过渡，用希腊人的说法，就是从无生命到有生命的过渡”①，从自然人到更高大、更高尚的人的过渡。

三、人的课程在历史中

发展理性与心智成为课程的核心思想，由来已久，而自由知识被认为是最有效地体现这一思想的观点，也具有同样悠久的历史。

自由知识之所以被称为自由的知识，是因为它被视为使人成为自由人所必需的知识。以自由知识培养自由人的思想作为一个主流贯穿教育史，从而“人的课程”也以自然的方式存在着。

以自由知识为依托的自由教育，其课程乃“人的课程”存在的一种自然形态。

今日的课程改革是否意味着对于偏离的一种觉察呢？

实际上，当“人的课程”还没有充分呈现在我们面前的时候，课程从许多方面在远离人。

在这个过程中，当专业课程因专业出现带来挑战之时，有纽曼等人出面迎战过；当职业课程因职业教育的兴起而带来挑战时，有赫钦斯等人出面迎战过；杜威更宣称“教育的过程，在它自身以外没有目的”②，课程作为过

① [美]杜威. 民主主义与教育[M]. 王承绪译. 北京：人民教育出版社，2001：349.

② [美]杜威. 民主主义与教育[M]. 王承绪译. 北京：人民教育出版社，2001：58.

程，在它自身以外没有目的，人自身就是目的。这一历史表明，“人的课程”在曲折的发展过程中，不断地增强着自己的生命力。

外在目的的诱惑力对课程形成的挑战，还在以更多的新的方式表现出来。功利主义者不明白，人自身是目的不仅对于课程是最重要的，同时对任何外在目的的实现也是最有效的。但是，教育自己应当明白，唯有教育以自身为目的时，它才是特别强大的，它对其他任何领域的作用也才是最大的。

面对挑战，并不只有“舍我其谁”的唯一选择，调和也是很好的出路，但是自由教育精神作为灵魂的地位从未动摇。这样，“人的课程”就有了更大的作为来起引导作用。

目前，教育理论的研究大都在大学里，而中国大学几乎没有自由教育的传统，蔡元培先生、梅贻琦先生带来过一段辉煌，然而，他们没有来得及改变。我们没有理由苛求前人，我们只面对历史并再写历史。

四、“人的课程”成为现实

几何作为课程或课程的基本内容，已经走过了两千多年。它以一种纯粹理性的方式存在，而这种纯粹理性所显示的生命力，比许多平庸的理论不知胜过了多少倍，它抚育出来的不仅是无数的科学家，还包括了大量的思想家、哲学家。

今天，电脑已经可以把欧氏定理全部推演出来。可是，在课程中完全去掉欧氏演绎系统的思想很快被否定了。电脑用以取代智慧，《几何原本》则用以生长智慧。基于这一点，人的课程成为现实才有了根底。

文本的变革是必要的。现代的演变太令人眼花缭乱了，科学的突飞猛进与人文的不断回首总是以不同形式冲突着，但不是你死我活的，在后现代的猛烈批判中，我们就看到它极力借助现代成果，后现代在回首前现代时才成为与现代的正式对话者。《几何原本》可以说是科学领域中的古典，它也不可能不经受现代的冲刷，但它最珍贵的一部分，在那些越是珍惜现代的人眼中越被看重。现代和后现代正是这样不知不觉地都倚重了前现代。因此，时间的尺度在课程变革中并不是关键因素。

课程思想、教学思想的变革对于中国社会更为迫切。在百年前的中小学文本照耀之下，不是出现过中国近代史上的一大批称得上思想家的大师吗？而近半个世纪来在课程与教育的不断探索中我们为何反而不见了大师？

文本的先进在于思想的先进，更在于执掌文本的人的先进。我们可以把教学的整个展开过程都置于课程视野之下。如果是这样，文本意义的相对性就更明显了。

人的课程所标示的不仅是人在课程中，更重要的是课程在人中。中国课堂里普遍的沉闷局面仍然存在着，在这种情况下，任何好的文本本身也会被窒息。

尽管我们在课改上已经做了很多实际工作，但是，思想的变革更需要被看重。尽管在课改上还可以做很多实际工作，但若没有最能显示人性的思辨工作，其生命力是很有限的。教育科学的发展也在证明这一点。

培养独立人格的重大意义

人格一词至少可以有三种不同的解释。一是在伦理学意义上的，人格即人的品格、品德；二是在法律学意义上的，人格即法律保障的人的基本权利，人格不受侵犯，即其基本权利不受侵犯；三是在心理学意义上的，人格即个性。

现在，我们在心理学意义上讨论一下独立人格。人格即个性，独立人格岂不就是独立个性了？可以说是这样的。但在人们一般的说法中，较多地运用了独立人格一说，故本文亦使用之。

每个人的人格都是自己的人格，还有什么独立不独立呢？所谓不独立，即为依附。在人格的依附性或独立性上，人与人之间是有差异的。

比如说，有的人做学问，遇到某个说法，或某个观点、某种思想、某类命题，他要看看这个是谁说的。如果是某位权威说的，他就不再分析判断这种观念或命题了，也就认可和接受了。这其中就包含了一定程度的依附。有时候，自己的看法和想法与这类命题或思想不太一致，他甚至不假思索地放弃了自己的见解。这都是缺乏独立见解的表现。独立见解是独立人格的一个方面。

独立见解的缺乏是做学问的一大忌。任何观点本身的真理性与谁提出这个观点是没有关系的，与谁是如何叙述和论证这个观点有关，但与他的身份、地位、贫富、贵贱没有关系，与他的性格、气质等也没有关系。如果在做学问时把这些非学术性因素考虑进来并产生影响，那极容易损害自己去靠近真理、把握真理。

因而，可以说作为独立人格的表现之一的独立见解的丧失，就意味着探求真理的丧失，意味着获得学问的道路堵塞了。

在学术领域里，没有谁的话可称为指示。在学术领域里，可有指导，但无指示；可有服气，但无服从。这个领域是有别于行政管理领域的。学校不是政府机构。

以上是说做学问。再说做人。

这件事该不该做？看见别人做了，自己也去做，不管该不该做了。不是有许多贪赃枉法的吗？其中还有不少貌似正人君子呢。还有，眼下有些大教授也收受红包了，自己去送点红包算什么？甚至自己也收点红包又算什么？这也就包含了看别人脸色行事的心理因素，也是一种依附，也是独立人格的缺失。无论别人做不做，无论别人怎么做，自己都按照自己的标准去做人和行事，这才叫独立人格。

还有，对于有些不该做的事，无论是否有人在场，无论有无人知晓，都不去做，尤其不能因为无人知晓就侥幸为之。同样，做一件好事，该去做的，也不在乎别人知道与否。这也是具有独立人格的表现。

学习别人的长处是必要的，仔细聆听别人也是必要的，但都需以自己独立的判断为基础。独立人格不是孤芳自赏，更不是要固执偏见。所谓独立，正是说在交往、生活与学习中的独立，没有相互的关联、彼此的沟通，也就说不上独立了。并且，恰是独立人格可以保障健康有益的彼此交往和相互促进。

无论是做学问，还是做人，独立人格的培养都是十分重要的。这种培养是从小就要开始的，并应贯穿于教育的全程。独立人格是人的创造力的源泉。

马克思、恩格斯说：人的全面发展就是在“外部世界对个人才能的实际发展所起的推动作用为个人本身所驾驭”[①]的时候才是现实的。这里，也是讲的个人与外部世界的关系、自己驾驭和被推动之间的关系，并由此而阐明了全面发展与独立人格的关系。

封建社会是以人身依附为特征的，即人对人的依附；资本主义社会是以人对物的依附为特征的；而人的独立个性、人不再依附即人的解放，“正是共产主义者所向往的”（与上一引语同页）。眼下的中国社会里，人身依附以及人对物的依附的现象都还存在的。这正表明，教育真正实现人的全面发展的目标是很艰巨的任务，当然也就是具有现实意义的。

现在中国已经到处在讲以人为本了，而尊重人的独立人格便是以人为本的最重要内容。至少，我们不能有意无意地妨碍了他人（尤其是学生）的独立人格，教育的神圣使命还在于发展每个学生的独立人格。

---

① 中共中央马克思恩格斯列宁斯大林著作编译局. 马克思恩格斯选集（第三卷）[M]. 北京：人民出版社，2012：330.

哲学是人的哲学

黑格尔说："哲学是对于事物的思维着的考察"①，是"以思想本身为内容，力求思想自觉其为思想"②的思想。谁的思想呢？思想唯独属于人，以思想为内容，即以人之精华为内容。故而，哲学是关于人的精华的学问，哲学是人的学问的精华。简言之，哲学是人的哲学。

李大钊先生说："哲学者，笼统地说，就是论理想的东西。"③谁有理想呢？唯有人。论理想就是论人，哲学是论人的，论物也是为了论人。并且，哲学不是一般地论人，它论人的灵魂，论人的更高层的东西。哲学是人的哲学。

一、哲学乃人的学问的精华

冯友兰先生说，哲学是"有关人生的学说、有关宇宙的学说以及有关知识的学说"，然而，"宇宙是人类生存的背景"，宇宙"是人生戏剧演出的舞台，宇宙论就是这样兴起的；而思考本身就是知识，知识论就是由此而兴起的"。④因而，归根到底哲学是人的哲学。

宇宙学是科学家研究的，宇宙论是哲学家探索的。"哲学家所说的'宇宙'和物理学家心目中的'宇宙'，内涵有所不同。"⑤哲学家所言之宇宙是人及其意识存在于其中的世界；科学家所言之宇宙是由包含银河系在内的无数星系构成的浩瀚世界。科学家的宇宙起源学说和关于意识起源的研究与哲学家关于宇宙和意识的研究也不相同。

哲学家中许多人以特殊的方式涉及物质科学的研究；科学家在研究物质世界和宇宙时常常自发地靠近哲学，而当他们自觉地走近哲学时，他们就更容易走进科学。

恩格斯有过许多精彩的论述。他说："对于现今的自然科学来说，辩证

① ［德］黑格尔．小逻辑［M］．贺麟译．北京：商务印书馆，1980：38.
② ［德］黑格尔．小逻辑［M］．贺麟译．北京：商务印书馆，1980：39.
③ 李大钊．李大钊文集（下卷）［M］．北京：人民出版社，1984：345.
④ 冯友兰．中国哲学简史［M］．赵复三译．北京：新世界出版社，2003：3.
⑤ 冯友兰．中国哲学简史［M］．赵复三译．北京：新世界出版社，2003：4.

法恰好是最重要的思维形式。”[①]辩证法是什么呢？ 黑格尔说：“认识到思维自身的本性即是辩证法。”[②]

辩证法，或辩证逻辑，或辩证哲学，是关于思维的科学，不是关于物质的科学；并且，它不是一般思维的科学，它是关于高级思维的科学，恩格斯还称辩证法为“最高的思维形式”。 因而，辩证哲学是关于人的高级形式的学问，是人的学问之精华。

他在指出了他所处时代自然科学著作的“理论思维的漫不经心和杂乱无章”的状况必然要经历一个改变的过程时说道：“如果理论自然研究家愿意在辩证哲学的历史存在的形态上来较仔细地研究这一哲学，那么上述过程可以大大缩短。”[③]自然科学研究家们研究的是自然，是物质，可是，他们需要研究人自身的哲学、研究人的高级思维形式的理论，物的研究离不开人的研究，离不开关于意识、思维的研究，物的研究必有赖关于意识的研究。

恩格斯还进一步指出：“在辩证哲学的历史存在的形态中……有两种形态对现代的自然科学格外有益”[④]。 “第一种是希腊哲学”[⑤]，“第二个形态恰好离德国的自然研究家最近，这就是从康德到黑格尔的德国古典哲学”[⑥]；人们“不得不回到希腊人那里去”[⑦]，而“在黑格尔的著作中已经包含了一个无所不包的纲要”[⑧]。 希腊人的“天才的直觉”[⑨]在康德、黑格尔身上也再现出来，它是那样有力地引领着物质科学的研究。 关于思维的研究强烈地影响着物质的研究。

一位当代哲学家仍然从古希腊圣哲那里看到哲学乃人的哲学。 在提到赫拉克利特时，卡西尔说：“不先研究人的秘密而想洞察自然的秘密，那是根

---

① 中共中央马克思恩格斯列宁斯大林著作编译局. 马克思恩格斯选集（第四卷）［M］. 北京：人民出版社，2012：284.

② ［德］黑格尔. 小逻辑［M］. 贺麟译. 北京：商务印书馆，1983：51.

③ 中共中央马克思恩格斯列宁斯大林著作编译局. 马克思恩格斯选集（第四卷）［M］. 北京：人民出版社，2012：286.

④ 中共中央马克思恩格斯列宁斯大林著作编译局. 马克思恩格斯选集（第四卷）［M］. 北京：人民出版社，2012：286.

⑤ 中共中央马克思恩格斯列宁斯大林著作编译局. 马克思恩格斯选集（第四卷）［M］. 北京：人民出版社，2012：287.

⑥ 中共中央马克思恩格斯列宁斯大林著作编译局. 马克思恩格斯选集（第四卷）［M］. 北京：人民出版社，2012：287—288.

⑦ 中共中央马克思恩格斯列宁斯大林著作编译局. 马克思恩格斯选集（第四卷）［M］. 北京：人民出版社，2012：287.

⑧ 中共中央马克思恩格斯列宁斯大林著作编译局. 马克思恩格斯选集（第四卷）［M］. 北京：人民出版社，2012：288.

⑨ 中共中央马克思恩格斯列宁斯大林著作编译局. 马克思恩格斯选集（第四卷）［M］. 北京：人民出版社，2012：271.

本不可能的。”[①]在说到苏格拉底时，卡西尔又指出：“他们全部研究所指向的唯一世界，就是人的世界。”[②]而卡西尔本人则说：“认识自我是哲学的最高目标。”[③]

二、马克思主义哲学是更深刻的人的哲学

让我们仅从《马克思恩格斯选集》第一卷先简要地来看看马克思、恩格斯关于人论述了些什么。

马克思说：“理论一经掌握群众，也会变成物质力量。理论只要说服人，就能掌握群众；而理论只要彻底，就能说服人。”什么叫彻底呢？马克思紧接着说：“所谓彻底，就是抓住事物的根本。但是，人的根本就是人本身。”[④]

“随同人，我们进入了历史”[⑤]，而“全部人类历史的第一个前提无疑是有生命的个人的存在”[⑥]。这里说的是人，并且是个人，个人的存在。

马克思和恩格斯还从方法论上作了阐述：“符合现实生活的考察方法则从现实的、有生命的个人本身出发，把意识仅仅看作是他们的意识。”[⑦]人的意识，有意识的人，有生命的个人，并且是“个人本身”。不说到个人，怎么能说到人？见不到个人，能见到人？

马克思、恩格斯认为：“社会结构和国家总是从一定的个人的生活过程中产生的”，并且“这里说的个人”“不是想象中的那种个人，而是现实中的个人”[⑧]，“人们是自己的观念、思想等等的生产者”[⑨]。社会、国家是由个人表现出来的人的产物，文化、精神当然也是人的产物，并且，文化、精神等等并不只是社会、国家诞生过程中的陪衬。与这些正面的阐述一起，马克思、恩格斯还在另一些重要文献中也讨论过人是社会环境的产物的观念。

“各个人的世界历史性存在，也就是与世界历史直接相联系的各个人的

① ［德］卡西尔. 人论［M］. 甘阳译. 上海：上海译文出版社，2004：5－6.

② ［德］卡西尔. 人论［M］. 甘阳译. 上海：上海译文出版社，2004：6.

③ ［德］卡西尔. 人论［M］. 甘阳译. 上海：上海译文出版社，2004：3.

④ 中共中央马克思恩格斯列宁斯大林著作编译局. 马克思恩格斯选集（第一卷）［M］. 北京：人民出版社，2012：9.

⑤ 中共中央马克思恩格斯列宁斯大林著作编译局. 马克思恩格斯选集（第四卷）［M］. 北京：人民出版社，2012：274.

⑥ 中共中央马克思恩格斯列宁斯大林著作编译局. 马克思恩格斯选集（第一卷）［M］. 北京：人民出版社，2012：67.

⑦ 中共中央马克思恩格斯列宁斯大林著作编译局. 马克思恩格斯选集（第一卷）［M］. 北京：人民出版社，2012：73.

⑧ 中共中央马克思恩格斯列宁斯大林著作编译局. 马克思恩格斯选集（第一卷）［M］. 北京：人民出版社，2012：71.

⑨ 中共中央马克思恩格斯列宁斯大林著作编译局. 马克思恩格斯选集（第一卷）［M］. 北京：人民出版社，2012：72.

存在”[①]，马克思、恩格斯总是这样辩证地看待个人与世界的关联，看待个体与共同体的关联。

什么是共产主义？“共产主义所造成的存在状况，正是这样一种现实基础，它使一切不依赖于个人而存在的状况不可能发生”[②]。在共产主义那里，“每个人的自由发展是一切人的自由发展的条件”[③]。共产主义是使个人的个性发展、自由发展得到充分展现的社会。个人及其发展，是如此生动地展现在马克思、恩格斯的理想里。

马克思在批评“从前的一切唯物主义——包括费尔巴哈的唯物主义——的主要缺点”在于“不是从主体方面去理解，因此，结果竟是这样，和唯物主义相反，唯心主义却发展了能动的方面”[④]。马克思不仅说唯心主义是肯定了能动的方面，而且是发展了，虽然马克思也指出了唯心主义发展的缺陷。

马克思对人的意识特征、心理特征亦即人的特征还做过十分深刻的众多描述。他说：“人懂得按照任何一个种的尺度来进行生产，并且懂得处处都把内在的尺度运用于对象”，人“自由地面对自己的产品”“人也按照美的规律来构造”，人能够“能动地、现实地使自己二重化，从而在他所创造的世界中直观自身”[⑤]。马克思如此生动活泼地谈论人，谈论与人须臾不可离开的自由，人与美的根本意义上的联系。

人与动物的根本不同点就在于“人则使自己的生命活动本身变成自己意志的和自己意识的对象”。仅仅由于这一点，人的活动就是“自由的活动”“人的类特性恰恰就是自由的有意识的活动”[⑥]。在马克思那里，人的意识之独立、人的自由是具有根本特性的。

我们可以郑重地告诉青年学生，在马克思主义哲学里到处有活生生的人，高大的人，无与伦比的人。

---

① 中共中央马克思恩格斯列宁斯大林著作编译局.马克思恩格斯选集（第一卷）[M].北京：人民出版社，2012：87.

② 中共中央马克思恩格斯列宁斯大林著作编译局.马克思恩格斯选集（第一卷）[M].北京：人民出版社，2012：122.

③ 中共中央马克思恩格斯列宁斯大林著作编译局.马克思恩格斯选集（第一卷）[M].北京：人民出版社，2012：294.

④ 中共中央马克思恩格斯列宁斯大林著作编译局.马克思恩格斯选集（第一卷）[M].北京：人民出版社，2012：58.

⑤ 中共中央马克思恩格斯列宁斯大林著作编译局.马克思恩格斯选集（第一卷）[M].北京：人民出版社，2012：47.

⑥ 中共中央马克思恩格斯列宁斯大林著作编译局.马克思恩格斯选集（第一卷）[M].北京：人民出版社，2012：46.

三、辩证法对物质的超越

马克思曾经指出："在黑格尔看来，形而上学，整个哲学，是概括在方法里面的。"[1]马克思肯定了黑格尔的观点。这里所言之方法当然是指辩证法。

恩格斯曾经指出："辩证法直到今天也只有两位思想家曾做过较仔细的研究，这就是亚里士多德和黑格尔。"[2]因此，恩格斯建议从事物质科学研究的自然研究家们仔细地研究亚里士多德所代表的希腊哲学和康德、黑格尔所代表的德国古典哲学。与此同时，恩格斯更明确地断言："一个民族要想登上科学的高峰，究竟是不能离开理论思维的。"[3]很明确，这里所说的理论思维就是辩证法，就是哲学。

恩格斯在《自然辩证法》这部巨著中所阐述的一个重要思想就是，理论、思想、意识方面的研究是如何对物质的、实证的、实验的研究起先导作用的，就是阐述非物质的研究如何引导物质研究的。

我们还可以更具体地运用恩格斯所论述过的一些事实，来进一步介绍恩格斯关于辩证法的力量、思维和精神的力量引领和超越了关于物质和自然及其研究的观点的。

"18 世纪上半叶的自然科学在知识上，甚至在材料的整理上大大超过了希腊古代，但是在观念的掌握这些材料上，在一般自然观上却大大低于希腊古代。"[4]"于是我们又回到了希腊哲学的伟大创立者的观点。"[5]这是一个总的概括性的论述，事实上，恩格斯认为文艺复兴以来欧洲自然科学的巨大成就是从返回到古希腊而开始的。

更具体的例子是，恩格斯批判了"自然界绝对不变"的僵化观点后指出："在这种僵化的自然观点上打开第一个缺口的，不是自然研究家，而是一位哲学家"[6]，这里说的哲学家就是康德，康德的学说论定"自然界不是

---

① 中共中央马克思恩格斯列宁斯大林著作编译局. 马克思恩格斯选集（第一卷）［M］. 北京：人民出版社，2012：137.

② 中共中央马克思恩格斯列宁斯大林著作编译局. 马克思恩格斯选集（第四卷）［M］. 北京：人民出版社，2012：284.

③ 中共中央马克思恩格斯列宁斯大林著作编译局. 马克思恩格斯选集（第四卷）［M］. 北京：人民出版社，2012：285.

④ 中共中央马克思恩格斯列宁斯大林著作编译局. 马克思恩格斯选集（第四卷）［M］. 北京：人民出版社，2012：265.

⑤ 中共中央马克思恩格斯列宁斯大林著作编译局. 马克思恩格斯选集（第四卷）［M］. 北京：人民出版社，2012：270.

⑥ 中共中央马克思恩格斯列宁斯大林著作编译局. 马克思恩格斯选集（第四卷）［M］. 北京：人民出版社，2012：266.

存在着，而是生存着和消逝着”[①]。康德的伟大见解，在两百多年后的今天已有力地证实。哲学跨越了一个巨大的时空而走在前面。康德先进的哲学判断供后来人研究了两百多年！一位不太出门而更多思辨着的伟大哲学家用自己的“眼睛”看到了100多亿年前宇宙诞生的大爆炸情况。

恩格斯还提到了17世纪的哲学家笛卡儿关于“运动的量是不变的”原理的预想，也是在两百多年之后的19世纪得到物理学家们的证实（这就是能量转化原理）。

特别有趣的是，笛卡儿的解析几何是在他的哲学著作《方法论》中出现的。坐标的思想是典型的思维的产物。在物质世界里从哪里可以看到坐标的存在？地球上的子午线是人假设于它的；时间是人做出的一个划分，东西南北是置身于其中的人的定位方式……

离开了思维着的具体的人的具体的地点，原点、南北、左右是什么意思？

近代科学的开创者们，伽利略、开普勒、笛卡儿等都深受希腊理性主义哲学的影响，希腊哲学中的“‘数’乃万物之源”“数的要素即万物的要素，而全宇宙也是一数，并应是一个乐调”[②]的思想，使他们坚信宇宙就是一部书，这书是用数写成的。正是这种信仰引导了他们的科学活动，笛卡儿用方程式 $F(x,y,\cdots\cdots)=0$ 来表达了形状，开普勒用方程式 $R^3/T^2=k$ 来表达了行星运动（即第三定律），而伽利略的落体方程式是 $S=1/2gt^2$。

如果说他们的方程式是物质的反映的话，那么他们的信仰会是什么物质的反映呢？他们返回至两千年前的古希腊哲学那里而获得的灵感，是什么物质的反映呢？希腊哲人们的宇宙观又是什么物质的反映呢？如果希腊哲学是“物质的反映”，那么，开普勒等人的成就不就是“反映的反映”？

还有，麦克斯韦尔对于电磁波存在的预测完全是出于美感，对方程式本身的美学修正，他的预测在30年后被实证。仅仅作为意识的方程式推出了30年后才看到电磁波。

不容否定的历史是：欧洲近代科学的划时代兴起受益于希腊古代哲学；德国科学在19世纪登上世界高峰得益于以康德、黑格尔为代表的古典哲学；20世纪科学站在世界高峰的美国，其哲学之繁荣也举世无双。这一切都特别能显示人类思想力量之伟大。

历史让我们从多角度看到，哲学作为人的意识、思想、精神的代表显示

---

① 中共中央马克思恩格斯列宁斯大林著作编译局. 马克思恩格斯选集（第四卷）[M]. 北京：人民出版社，2012：267.

② [希]亚里士多德. 形而上学[M]. 吴寿彭译. 北京：商务印书馆，1959：5.

出了多么惊人的力量！

四、哲学中，人在哪里

逻辑是对思维本身的反映，辩证法逻辑或辩证哲学是更深刻、更高级的思维的反映，它是人类智慧的结晶，人类高级意识本身的产物。

辩证哲学是“认识到思维作为理智必陷入矛盾、必自己否定其自身这一根本见解”；“精神在最深的意义下，便可说是回到它自己本身了”①；“思维本质上就是对当前直接经验的否定”②。这大概是恩格斯所说“在黑格尔的著作中已经包含了辩证法的一个无所不包的纲要”所指的一些精彩论述。

在辩证哲学中，不仅人在那里，而且是活生生的人在那里，是奇妙地思维着的人在那里。

在一个开放的、人拥有人本有的东西的环境里，哲学可以大显身手，它可以在并不追求的目标的范围内达到目标，陪伴繁荣的学术和繁荣的科学一起活跃在这个环境里，从而，人在这里高高大大。

我们有理由相信，会有繁花似锦般的哲学及种种流派降临于我们智慧的中华大地，这里，正在开放；这里，人本的思想已经再度萌发；这里，人的地位正在扶摇直上。

① ［德］黑格尔. 小逻辑［M］. 贺麟译. 北京：商务印书馆，1983：51.
② ［德］黑格尔. 小逻辑［M］. 贺麟译. 北京：商务印书馆，1983：53.

做事与为人

创造主要是指活动，指做事，包括想事想理、想方设法。这跟做人不同，做人主要是指修养，包括如何跟别人打交道，也包括对待工作的责任感、事业心之类。

创造就需要有“总想跟别人不一样”的心态，这是做事。做事总想富于创造，因而就总想与众不同。

然而做人就不宜总是与众不同了。别人能平等待人，你能不这样吗？别人很诚恳、很真切，你能不这样吗？做人是有一些共同的基本尺度的，在这些基本尺度上，则是要与众相同。人要像人，这是共同的人性之所在，人要防止人性丧失，防止异化，此乃众所求之。

创造讲究日新月异，做事讲究不断开创新局面；做人不能朝三暮四，不能见异思迁，做人要有一贯性，自始至终保持贞节，自始至终善待他人。

技术、工艺可以因不断创造而不断过时，伦理则有永恒，古代伦理之精华至今不过时。做事与做人是如此不相同。

在人们日常的言语中有所谓“高调做事、低调做人”，也表达了做人与做事之区别。所谓高调就是力求创造，力求“高人一筹”；所谓低调则是平易、善意而决不盛气凌人。

“语不惊人死不休”，言语，思想，需要创意；却要惊人，这就涉及他人。如果这句话指的是因创造而使人惊诧，这倒没有什么；不过，不应是把惊动他人、震惊他人本身视为目的。至少这是一种外在化了的目的。求学问、求创造的真正纯洁的目的是内在的，那就是自己做自己，力求真理本身的意义和价值，而不过分在意他人的态度和看法。

做事，做学问，看真理本身；做人，修养，就不能不在意他人的态度和看法，不能不顾他人的感受而天马行空。天马行空、特立独行可以表现于做事，却不能以此待人。做学问可以而且应当不看他人的脸色行事，做人则不能不想想他人的利益和需要。

做学问，以“人云亦云”为耻辱。但是当他人“人云亦云”时，却需要宽容，他人可能要经历模仿、经历重复的阶段；如果有许多的模仿，则为之遗憾而不宜认为他有何羞耻。后一种态度表现为做人，这与自己做事、做学问的态度也是不一样的。

做事与做人是不同的，但是也是相互联系的，时常是交织在一起的。比如说，批判、质疑是必需的，是创造所必需的，这是做学问；然而，这又涉及他人，被自己所批判或质疑的可能是别人的理论和观点，这应当与对他人人格的尊重和善待是相容的。批判是对事，尊重是待人，这是需要统一的，是做事与做人的和谐、统一。

搞创造必定要力求自己做自己，力求自己是自己，那么，对于别人的创造就需要抱有同样的愿望，希望他也自己做自己。有时还需合作，需交流。每个人越是充分表现其个性，交流的意义就越大，合作的价值就越高。

说别人没说过的话语，做别人没做过的事情，想别人没想过的问题，这是宝贵的创造心态。不仅如此，为了创造，还要尽可能说自己过去未说过的话语，做自己过去未做过的事情，想自己过去未想过的问题。创造需要不断翻新、不断有新花样。但这一切并不意味着纯粹的否定，换个角度看，自己创造的前提正是因为别人说过、别人做过、别人想过，否则你跟谁去不一样呢？同样，这也不是对自己过去的否定，换个角度看，若有跟自己过去不同的东西创造出来，那也得益有一个可供反思的过去。换言之，创造不仅不是跟人过不去，也不是跟自己过不去，而是对人对己的一种肯定。

常常可见文如其人的现象，文是创作出来的，是做事的结果，做事之中又见到人，就在所做之事上见到了人。这就是把做人放在做事之中了。人在自己“所创造的世界中直观自己”。

做人做得越好，做事就很可能也做得越好；做事做得越好，就越有可能在做人上做得很好。这都只是可能，要同时做得很好，这本身就需要用心，需要花功夫。

创造需要独立个性，可是独立个性本身也是做人的要求，两者的含义合在一起让人更丰富。创造中的独立个性指的是在求真的道路上有主见，做人中的独立个性则指的是在伦理道德上不随波逐流，即在求善的道路上有主见。彼此之异是在求真与求善上的表现，彼此之同又都表现为主见；在形式上，前者多与他人相异，后者多与他人相通，而在精神上，同时求真求善的人既都是非常个性化的，又都是很人性化的。

当人说“我”时

小孩子最先说的字眼是“妈”“爸”，大约要再过一年才会说“我”。

小孩叫阿毛，父母或兄弟或邻里喊“阿毛”时，他不满一岁时便可呼应。问“阿毛是谁”，他会指着他自己，但还要经过一段较长时间，才能说“阿毛是我”“我是阿毛”；再过一段时间才会出现与其他词语连在一起的“我”：“我要”“我想”“我不”“我的妈妈”“我的爸爸”……

这个过程不一定被人注意，若注意了，便知道人的自我意识是后天形成的。人知道我，这是件很了不起的事。

小狗乃至小鸟等动物，我们可以给它命个名，并不断呼喊，经过训练，它就能知道呼喊那个名字时就是招呼它，但是它绝无“我”的概念。

卡西尔说，动物可能有情感语言，但无概念语言、命题语言。小狗在主人呼唤它的名字时或用摇尾的方式呼应，或用“汪”“汪”的叫声（即情感语言之一）来呼应。但它没有概念语言“我”。

当人说“我”时，人就长大了。

当人能说出更多的“我”时，人就在进一步成长中。“我的手”“我的脚”“我的腰”“我的心”……还有“我的快乐”“我的哭和笑”“我的梦”“我的昨天和明天”……除了“我的爸爸”“我的妈妈”“我的兄弟”之外，还有了“我的朋友”“我的伙伴”“我的老师”……除了“我的衣服”“我的鞋子”“我的帽子”之外，还有了“我的老师”“我的教室”“我的学校”以及“我的课本”“我写的作文”……“我”在一天天丰富着，人的生命也就在日益丰富着；当人能更多地知“我”、言“我”、思“我”时，人的生活、生命就更充实了。

“这是我的家乡”“这是我的民族”……当人在说出这些“我”时，那是一种深深的眷恋，那是亲切、热爱和力量，那是一种神圣。

“这是我的工作”“这是我的义务”“这是我之所操所劳”“这是我的事业”……当人在说出这些“我”时，那是一种庄严，一种责任，一种使命。

“这是我的作品”“这是我的见解”“这是我的发明”“这是我的创造”……当人在说出这些“我”时，那是一种自豪，一种骄傲，一种自信。

“这是我的同胞”“这是我的父母”“这是我的爱人”“这是我的战

友”……当人在说出这些“我”时，那是一种忠诚，一种忠孝，一种贞洁。

随着“我”的增多、丰满和充实，一个人就变得越来越高大，越来越智慧和理性。

有些东西虽然就在身边，但不一定是“我”的，有些东西跟它打过交道，但也不一定是我的。比如说，家乡就在自己身边，那就是自己儿时生活和成长的地方，自己还不一定感觉那是“我的家乡”。有一天离开了它，一时半会儿还不觉得那是“我的家乡”，过了些时候，突然发现自己在思念着那块土地，甚至朝思暮想，终于感悟到那原来是“我的家乡”啊，那是一片亲吻过我的土地啊！

看来，“我”并不是那样轻易来到的，那是一种感悟，一种体验，一种醒觉，一种心灵的萌动。

一本书看过后，其中的情节、原理也许明白了，但那还不一定是“我的”。理解了，弄懂了，还不一定是“我的”。教师所讲的也一样，起初听起来可能是模糊的，后来清晰了，但还不一定是“我的”。这常常要看“我”是否感受过，“我”是否被感动过，“我”是否被震撼过。若真如此，那才可能是进入心灵了的，是在心灵深处占据了一个位置的，那才真正是“我的”。

父母也许未曾想到，在让子女牙牙学语时，在让子女学会走路、听故事时，那是他们的“我”在生长；教师在教导学生时也不一定想到了那是在丰富他们的“我”，发展他们的“我”。然而，无论想到与否、意识到与否，都是在引领青少年走向“我”，成长“我”。

这样，是不是可以说：我们的教育正是为着一个一个更高大、更高尚的“我”呢？是不是在引导学生充实“我”、丰富“我”呢？是不是在让学生更清楚更自觉地意识到“我”？是不是在跟学生一道不断地审视着“我”呢？

在人明白了“我的民族”“我的祖国”“我的父老乡亲”“我的事业”……的时候，不就真正明白了“我们”的含义。难道“我们”不也是在“我”日益丰富起来的过程中丰富起来的吗？

人文·天文·水文

曾几何时，一些著作关于知识的划分，只有自然知识、社会知识，没有了人文知识；在学校教育中，只有自然科学教育、社会科学教育，没有了人文科学教育；在课程之中，社会课程、自然课程地位至高无上，人文课程则是每况愈下。这种情况在1978年之后逐步有了变化。不过，比起文学界、艺术界、出版界、体育界来，教育界的变化似乎显得迟钝一点，但毕竟也在变，在觉醒。

天，天体，天体运动现象，人们赋予它一个美称：天文。

水，水的运动变化现象，人们也给它一个修饰词：水文。

人，人自身的运动现象，人们更愿意给自己一个美称：人文。

天、水、人，就是天、水、人，可是人们分别又称为天文、水文、人文。

有没有地文一词？似乎相应地有地理一词。地理、物理、伦理、管理……反映的是人对种种现象的理性思考。讲文、讲理，这才有了学问，有了教育。

古希腊“七艺”，学语法，学修辞，学音乐，学辩证法，都是学人文；学天文，学算术，学几何，就是学理。最初，如“七艺”里面并没有社会学、法律学、政治学之类的社会科学。社会科学是晚于人文科学、自然科学而出现的。我们忘了这个历史，意把人文科学（相应的人文教育、人文课程）丢掉了。

辩证法是不是人文科学？这应当是没有疑问的，我们只要注意恩格斯说得清清楚楚的两个事实就够了：一是，辩证法乃关于人的思维的科学，高级思维的科学，简言之，乃人的科学，或曰人文科学；二是，辩证法是由亚里士多德和黑格尔建立和完善起来的。

有自然领域的辩证法，有社会领域的辩证法，但这是辩证法的运用，不能因应用于自然就说辩证法是自然科学，当然也不能因应用于社会就说辩证法是社会科学了，就像我们把美学也应用于自然和社会，而不能称美学是自然科学或社会科学一样。

人在社会之中，能因此而认为人学在社会学之中吗？社会也在大自然之中，能因此而认为社会学在自然学之中吗？进而，还可认为只要自然学而不必要社会学、只要社会学而不必要人学了吗?

社会虽在自然中，但并非任何社会现象都只用自然现象来解释的；人虽在社会之中，但并非任何关于人的现象都是可用社会现象来解释。

人如何思维? 逻辑学、辩证法回答这个问题。逻辑学、辩证法乃人文知识，用于学校则是人文课程。

人时时处处跟美联系在一起，这样就有了音乐、美术、戏剧……这当然也是人文知识，进入课程则属人文课程。

人要说话，要交流，需要语言，语言学更是人文知识，语言课程更是人文知识。

人用自己的语言写出小说、散文、诗词，这就有了文学，文学课程当然也是典型的人文课程。

人还要学会做人，关于做人的学问——伦理学也就是重要的人文课程了。

社会学、政治学、法律学、管理学、经济学也都与人有关，但并非直接研究人的，它们主要研究社会现象，因而寓于社会科学而不属于人文科学。

社会科学、社会课程要不要学呢? 也应学，但学习人文课程是基础。不学语言，词不达意，叫基础不好；不学文学，有口难开，也叫基础不好；不会做人，更是基础不好。

不学社会课程不好，但优先的不是社会课程，优先的是人文课程。否则，就是本末倒置。

以人为本，也要体现在课程上，那就是以人文课程为基础，为本位。

天、地、人，天学、地学、人学都是最基础的，由人学引领了大片的文科学科，由天学、地学、数学又引领了一大片工科学科。在中小学，一文一理最重要；在大学，文学院、理学院最重要。只有法学院、商学院、管理学院而无文学院，只有工学院、农学院、医学院而无理学院，叫作基础厚实，但档次不高。

读书的人归谁管?

读书的人很多。学生是读书的人，老师也是读书的人。现代企业的老板们也要读很多书，经常读书，但我们这里只说学校里的人。

学校里，除了学生、老师，还有行政管理人员。如果行政管理人员不读书，那么，就是由不读书的人来管读书的人了。

企业里的、农场里的老板们都要读书，学校里的管理者们还能不读书吗？学校管理者与工厂、农场的管理者有一个很大的不同，那就是学校管理者面对的是读书的人。所以，学校管理者更要读书。仅仅这样还不够。学校管理者不仅要读书，而且还需要喜欢读书。学校不仅让学生、老师读书，而且还盼望学生、老师喜欢读书。只有喜欢的事才可能做得更好。既然管理者应当有一个让师生喜欢读书的目标，自己就应当喜欢读书。

学校管理者还应当是会读书、善于读书的人。

一般来说，老师是喜欢读书、善于读书的人，这样，他就会引导学生去热爱读书，引导学生善于读书。不仅老师如此，学校管理人员亦应如此。只是读书的内容可能有所不同，在时间安排上也可能有所不同。

目的当然也有所不同。老师读书是为了更好地教书，管理者们读书是为了更有效地管理。不过，很明显的共同点在于，都是为了更好地工作和生活。

在目的上，管理人员还不完全是为了工作，也还应包括增强自身的修养：文化修养，人格修养，品德修养。实际上，如果学校管理者习惯读书、经常读书、喜爱读书，那么，他们不仅会工作得更好，个人的修养和素质也会更好，学校教育也就不可能办不好。所以，干部们是不是经常读书，确实是一个根本性问题。

学校行政管理人员都有自己的日常工作，一般也不会在工作时间去读书，除非有特别的安排或计划。因而，更多的是在工作之余读书，做一定的安排也有其必要性，这应当是有计划地提高干部队伍水平的必要环节。

一方面，利用一些业余时间读书是难以避免的。另一方面，总还是要有休闲娱乐活动的。把这些因素都考虑进去，平均一天读三四十页书还是可能的吧。这样，一个礼拜就有可能读一本书，全年就是 52 本书。再打一个五折，全年至少也可读 26 本书。

“读书破万卷”是文学的描述，“破千卷”应当是可以实现的。

人的一辈子，耳闻目睹的东西相对而言是很少的。人主要通过读书和其他间接经验来知晓万千世界，来与广阔的天地交往，从而进入一个丰富多彩的天地人间。

开卷有益，这不只是对师生而言的，也不只是对学校而言的。

文字的出现是文明开启的象征。有了文字，随之有了文本，成熟的教育才有了可能。阅读文本，成了人类社会加速发展的基本条件，这种阅读，其本身也成了文明的标志。无论对于个人还是对于社会都是如此。

我们国家也提出了建设学习型社会的理念。这就不只是对学校而言的了。普遍的读书习惯是这种学习型社会的主要表现形式。这一理念，不只是为了提高文化、提高科技水平和提高劳动生产率，而且是为了改善整个社会的品质。

古老的中国本有着尊师重教的传统。然而，太多的社会动荡也造成了不少消极的影响。如今，与一些发达国家相比，我们的人均读书时间和读书量都是明显偏低的。

在大规模举办教育、兴办学校这一点上，我们的社会已有很大进步，但这还是远远不够的。终身教育、终身学习要变为一种现实，还需要有社会机制方面的条件。

看来，一个社会也得要由尊重读书并且自己就喜欢读书的人们来领导。读书与研究常常是不能用眼下的实用来看待的，这需要学校乃至社会的管理者们有博大的胸怀、广阔的视野、远大的眼光，并通过体制的不断变革以利于一个学习型社会的实际诞生，以利于我们国家长远的未来。

面对先人，面对这片土地

其实，思想就是思和想的结果。

每个人都可以思，可以想，因而每个人都可以有思想。

思得越多，想得越多，越可能有思想。

有些人产生了一点教育思想，那可能就是在教育活动中思考了一些，想了一些，因而就可能产生一点教育思想。

教育活动中的每个人，只要思，只要想，并且还稍微努力一点，就能出教育思想。

一、我怎样走上了一条以思辨为业的道路

我似乎形成了一个习惯：只要在醒着的时候，就思着，想着，不停地思想着，刻意地思想着。

我刻意地想，就像农民下地一样，每天清晨就扛着锄头下地了，就开始思考了。我的锄头也许是笔，我的田地也许是纸，但这只是从锄头、田地到笔墨、纸张的一个平移变换。

祖宗赐给了我一双手，也赐给了我一副头脑。我常常指着自己的这个地方（脑袋）对自己说，这是祖宗赐给我的最宝贵的东西，在火化之前一定要不停地运转，有效地运转。于是，就源源不断地有了一些被称为思想的东西出来。

我从父母那里追溯而上，到祖父母，到曾祖父母，到祖先，再到我们的民族。这样，我也把自己勤于思想的行为与自己的民族联系起来。

但是，环境有时迫使你不能有效思考，这种环境因素是多方面的，不同的时候都存在。在这种情形下也不断地把握自己，不断地思考，就显得格外不容易，因而也格外重要。

思想是有效的，就必须是自由的；思想是自由的，才会是有效的。所谓把握自己，也就是把握自由。

我非常尊重他人，但这种尊重是与保有自己的独立人格平行存在的。

我非常愿意了解别人，却非常不愿意模仿别人，因为模仿充其量是思想的一种雏形状态。

我自认属于知识分子。知识分子的基本特征就是思想着，独立思想，独立行事。因而，独立人格的丧失，就是知识分子身份的丧失，或者说是失魂落魄式的丧失。

所以，我常对自己说：在做人上，与众相同；在做事上，与众不同。以最平凡的方式生活，以最独特的方式思考，以一种独特的思维方式生活在平民之中。而且，唯有独立思考的知识分子才真正生活在平民之中。

也许，在我的著述里，甚至在哲学或理论的著述里有许多日常话语或口语化的表达，而这可能就是那种来自平民的习俗。也许还有一些幽默或诙谐，但那也正是存在于平民之中的自娱自乐。

二、我为何有这样多的题材可思可想

我在选题上十分飘逸，任其游弋，因而涉及相当宽广的领域。

有人问，我也自问：为什么会有如此众多的题材？

实际上，我也形成了自己的信念。

我深信，学问，学问，就是学着去问。因此，我想做学问，我就需要不停地问，而不停地询问正是产生众多题材的必要条件。

同时，我又深信，真正称得上思想的思想，都是批判式的，质疑式的，批判式的询问，质疑式的询问。

思想史、哲学史，就是批判史、质疑史。

也正是基于这些信念，我才有日常生活中众多的问题，并且形成了我的一种询问格式。面对一件事情或一段话语，我的第一问是“对不对？”对了，再问“够不够？”够了，还问“好不好？ 有无更好？”若不对，就去寻求对；若不够，就去充实；若还不足够好，就去完善，寻求更好。

这样，久而久之，就有了一种习惯，不停思索的习惯，不停质疑的习惯，不停剖析的习惯，不停地层层询问的习惯。

问题为何有那么多呢？ 它本有那么多。

题材为何有那么多呢？ 它本有那么多，就看你是否去发掘，看你如何去发掘。

所谓思想丰富，就是把本有的矿藏比较充分地挖掘出来了。

所以，我觉得还不只是一个信念问题，确实还需要经过许多磨砺。

可以对上天说，我真的是每天扛着锄头下地的，挖掘不止，探询不止，笔耕不止，直到我再也扛不起这把锄头。

我相信灵感，我更相信勤能补拙，灵感常常是产生在冥思苦想之中的。

在我的文集里，有这样一首自题的诗：

来自江汉平原的一个村口，
依在上天之下的一片热土，

手捧祖宗馈赠的一箱帛竹，
肩扛朝耕夕作的一把锄头。

曾闻铸就宇宙的一声怒吼，
凝望日月星辰的一缕素数，
吟聚人间诗篇的一湾溪流，
敬伺毫秒构筑的一束冬秋。

这大体上描述了我的经历，我的走向。

我确信着，思考着、耕耘着、磨砺着；我也跟常人一样，有过忧伤，有过退缩；有知足常乐，也有过自知不足而愧对祖先。这两方面都在帮助我，一方面让我生活在一个思想的世界里，同时，也让我生活在一个情感的世界里。

路并不总是平坦的，生活并不总是只有阳光。也正因为如此，把自己生命一切潜藏的能源尽量调动起来不仅必要，而且特别不易，因而特别珍贵。我一直为此而努力。

三、校长岗位给了我什么

也感谢时代赐给我一个校长岗位，在这个岗位上的二十多年，使那块我自己可耕耘的土地扩大了许多。

我深感上天关照到了我，无论如何我要在这个天赐的舞台上演出属于我们这个时代的故事。不只是做这个舞台上的演员，应当也可以成为一名导演。并且，这个剧本也应当是自己来创作的。

大学是一个十分特殊的舞台，十分壮观的舞台，当今最智慧的头脑就聚集在这里。我知道这个舞台的分量，我知道这个舞台对于我们时代的意义，从而总想着不要愧对校长这个角色。

大学是思想的殿堂，是思想家的摇篮。因而，大学应当有培养思想家的思想家。

这才是真正的大学。实际上，大学校长的使命就在于让大学成为真正的大学。

这就是我之所想，也是我之所为。

四、无限的感恩

人类最古老的文明总是与河流联系在一起的。

我们伟大的中华文明与长江、黄河联系在一起。

我生长在奔腾浩荡的汉水和滚滚东去的长江之畔，又生活在自南向北川流不息的湘江之滨。

我生长在河川纵横之地，生活在文明开化之乡。 这片土地养育了我。我永远感恩这一方神奇的土地，感恩这一脉壮丽的山川，感恩我们的祖先。

人在我心中，我才在人中。

我的心让一个高高大大的“人”字横贯在我的著述之中。

感谢支持我、关心我、帮助我和怀疑我、质疑我的所有人，感谢所有的朋友、同行和各位领导同志。

人本思想与大学改革

曾经通知我讲“高等教育哲学”，后改为讲“人本思想与大学管理”，这个改动的跨度很大。不是我改动的，是被改动的。后来，又把“人本思想与大学管理”改为“人本思想与大学改革”。

把人本思想与大学改革连在一起，也是把两个彼此相距并不很近的问题要扯到一块去，跨度也不小。

这就有三改了，我也不得不三易其稿。

不过，我觉得这个题目出得很有创意。这个题目不是我提出的，我也只是“被”提出的。

下面我根据最后定的题目展开一些讨论。

我们先区分一下人本思想与以人为本这两个概念。

人本思想，是一种思想、观念，甚至是主义。

以人为本，是一种行为，一种态度，一种追寻。

从语法上说，“人本思想”是一个概念，“以人为本”可视为一个句子。

先对“以人为本”提出一些问题。

我们为什么要以人为本呢?

对于为什么要以人为本，有一种回答说：人本为本。那么，为什么人本为本呢?

人来自大自然，且属于大自然，人是大自然的一部分，人应当爱护大自然，敬畏大自然。在大自然面前，人也是本吗？大自然是末吗?

我们是在大自然之下的，大自然是上天，我们在上天之下，那么，是不是可以说我们的人本是“上天之下的人本”呢？然而，这样说就不再有什么问题了吗?

上天之下还有小草、小鸟，他们是以人为本的吗？人是本，小草、小鸟是末吗？好像也说不通。小草小鸟不仅先于人类出现，而且它们的存在并不是以人的存在为前提的，小草小鸟是相对于人而处在末位吗?

有人说，人是万物的尺度。但是，人果真是万物的尺度吗？人是大自然的尺度吗？人是小鸟小草小溪小山的尺度吗?

因此说人本是上天之下的人本还有问题。

能不能只在社会之中来说人本为本、从而以人为本呢？

如果能，似乎就应当详细地说成是“上天之下、社会之中的人本”了。这样说，已对人本加了两道限制。这样说还有没有问题呢？还有！社会之中不全是人吗？还需要说以人为本吗？

全由人组成的社会还需要以人为本吗？

以上，提供了20多个问题，这20多个问题归纳起来说明了两个基本事实。

1.人本思想并不是从来就有的，以人为本的行为也并不是从来就存在的；

2.已经出现的人本思想，也不是一经提出就毫无问题了的。

在我们进一步考查一下历史之后，许多问题也许会更清楚；也许更能体会到“人本思想与大学改革”这个题目的意义。

具体说来，我们要讨论一下：

人本思想是从哪里来的？又是何时来到的？

在中国从何而来又是何时而来的？

人本思想本身还有没有什么问题？

大学里的人本思想与社会里的人本思想相比，会不会有什么特点？应当不应当有自己的特点？

人本思想与大学是不是相关联的？

有关联的话，是怎样关联的？

这些关联对于大学改革意味着什么？

人本思想对于大学及其改革有没有特殊意义？

围绕着人本思想和以人为本提出了20多个问题之后，具体到大学身上来又提出了10个问题。总计30多个问题。

学问学问就是学着去问。问得越多，学问可能做得越宽；问得越深，学问可能做得越大。

问了以后，必定会寻求答案。不管答得如何，我们总会前进一点的。

下面就以上述30多个问题为引子，再展开一些思考。

“人本思想与大学改革”这个题目确实很能引起思考，很能引起我们思考历史的和现实的众多问题。

我们先来讨论一下人本思想的渊源问题，它是不是有其源头的？

文艺复兴以来，出现了人文主义。这是从中世纪以神为中心向以人为中心的转移。

此时，人的地位与神的地位发生了一个逆转。但转变的结果，并不是神的消失，不是宗教的消失，而是人的地位上升，是强调人的地位、人的价值、人的意义、人的解放，更明确承认和尊重人性。神并没消失并且还借用神的名义来表达人的价值。这是通过宗教改革来实现的，欧洲的人文主义，是人从神权统治下的一次解放。神权曾是与封建制度结合在一块的，因而这种解放具有反封建的性质。

欧洲也经过了漫长的中世纪，却远没有中国长，它的资产阶级革命来得早，也比较彻底。

后来在中国（20 世纪 80 年代）出现了一个“人本主义”的说法，跟人文主义不同，这是与科学主义相对的。这种主义或观念还未达到文艺复兴时的高度。

更早，在 20 世纪 20 年代，中国出现过一场科学与玄学的争论，以北大张君劢为代表的玄学跟以丁文江（清华）为代表的科学主义展开论战。这也就涉及本位问题。人为本位还是科学为本位？

这场争论是由胡适先生做的总结。很难想象作为人文学者、诗人的胡适所做的总结明显地站在了科学本位或科学主义立场。这与时代有关。

我认为，从文艺复兴以来，以及中国近代哲学，所涉及的正是本位问题，或者说是对本末的地位及相互关系的讨论、争论。

这里，至少有了两个基本问题：

1. 人是本位，还是神是本位？

2. 人是本位，还是科学是本位？

后来，还增加了一个，总计是三个基本问题：

3. 人本位，还是物本位？

对第 3 个问题稍作解释。

在资本主义早期，虽然争得了经济自由，但也导致了资本对人性的抑制、压抑。那时是拜物教。人屈从于资本金钱，屈从于物。我简称其为物本位。

神本位与封建社会紧密联系；物本位与资本主义社会紧密联系；科学本位与科学主义并不与哪一种特定的社会形态相联系，这是近代科学迅猛发展中产生的一种哲学，一种观念。此观念下，人又面对了科学本位问题，人在科学面前似乎很渺小。

可以说，近代以来，哲学始终有两大思潮，分别地又相伴地存在着。

一大潮流，是理性主义，尤其是以牛顿、笛卡儿为代表的理性主义（继承希腊哲学），再到结构主义、本质主义、科学主义、现代主义。

相对应的是，非理性主义、人文主义、存在主义、生命哲学、解构主义、非本质主义、后现代主义。

在这个过程中，理性主义、本质主义、科学主义、现代主义常处于强势地位。从积极方面说，这种哲学推动了近代科学的发展；从消极方面说，它也导致了人自身的某种危机。

人的地位受到了威胁、压抑、贬抑。

人创造了物（财富），却拜倒在物面前。

人创造了科学，却在科学产生的巨大威力面前迷茫。

人似乎是在跟自己过不去，人常在自己的创造物面前丧失自己。

从这个过程看，从这个历史看，人本思想的确立并非轻而易举。

现在，该转到大学来说说了。

人权观念首先应在大学扎根，大学应当是最明白自由的意义的地方，也应到是最容易让人本思想和人权观念扎根的地方。基本的人权是生存权、发展权、享有自由与幸福的权利。

大学本应是十分独特的，它不是其他社会因素的产物，它不是被解释者，它自己应是自己的解释者。最早的博洛尼亚大学是学生办起来的，学生管理的，与市政当局无关，与政府无关。它也不是一个经济因素，论经济，当时最发达的经济在中国，但大学在那时还未在中国出现。

巴黎大学是继博洛尼亚之后最早诞生的大学之一，它是在唯名论与唯实论的争论中诞生的，它是哲学的，亦即人的思维的产物。

没有人本思想，解释不了大学，诞生不了真正的大学。布鲁贝克对大学有一个政治论、认识论的说法，我有一个生命论的说法。还有，在哈佛出现之后的140年才有美国国家。先有哈佛，后有美国。

从社会的、经济的、政治的角度，都不能很好地解释大学，大学不属于政府，大学属于国家。大学是人的产物，是人所拥有的那个精神世界孕育出来的，大学是人在那个无止境的宇宙探索中产生的。

从大学之外来说明大学，从教育之外来说明教育，是常见的一种思维方式上的基本偏差。

自斯宾诺莎以来，经过恩格斯等思想家，都坚持从事物本身来认识事物、从世界本身来说明世界的意义。

大学应当更亲近斯宾诺莎、恩格斯这类思想家。

大学不凌驾于社会之上，但真正的大学在精神领域、文化领域是在社会之上的。“凌驾于××之上”与“在之上”是不同的。

大学在对真理的虔诚方面，在思维品质方面，在对真善美的追求上，在对真理的探求所能达到的高度方面，应当而且是可能在社会之上的。应当比社会站得更高，也正是在这个意义上，有人说大学是社会的头脑。大学也正是在这个意义上承担自己的社会责任。从而，这也是大学的良知。

如果我们的大学偏离了以上的理念，没有把自己最重要的社会责任担当起来，那么，大学就应当进行改革。

博克的“走出象牙塔”应是“超越象牙塔”。这意味着大学首先应是象牙塔，它站在社会顶尖。是象牙塔，才有“走出”的问题；不是，怎么走出？若是篱笆院，那就是走出篱笆院了。

大学是个大写的“学”字。

它的时间姓“学”，从学年、学期、学季到学时，都姓学。

它的人叫学生，教师叫学者，校长叫学长。

它的钱叫学费。它的刊物叫学报。它的地盘叫学堂、学府。大学写满了“学”，大大的“学”字。

时为学所用，钱为学所花，物为学所置，人为学者先——这才是大学。

所以，真正的大学是学本位。这包括两方面。

就人员而言，是学生本位；就活动而言，是学术本位。

教职员工，一切人员为学生而存在；一切活动应服从于学术活动。本末是相对的，相对于学生，教师是本；相对于其他员工，教师是本。相对其他活动，学术活动是本；相对于其他人财物的管理，学术管理是本。

因此，在大学，人本思想就是学生本位、学术本位的思想；以人为本的行为，就是以学生为本位的行为。

现在，大家都看得到，中国大学存在的根本问题在体制，也就是行政化问题。因而，中国大学在很大程度上背离了大学的根本。

大学与政府在性质上根本不同，可是，我们的大学是按政府的方式来管的。当然，也正是这种体制、这种管理妨碍了中国大学回归本位。这就需要改革。

我们已说过，根本上，大学不属于政府，大学属于民族，雅斯贝尔斯甚至说大学是超民族的。

这种改革，取决于外部的条件，外部的作为。似乎只有期待，然而，也可不可以在外部尚无作为的情况下，内部就进行必要的改革呢？我觉得是可以的。

去行政化，不是去行政。我本人在任校长期间就进行过大幅度的改革，大幅度地从内部去行政化。我们曾去省委组织部要求取消我们的“厅级”“副厅级”，我们就是校长，不要“厅级”。

对于大学的认识，还有谁比大学自己认识得更好、更准确、更深刻的呢？ 大学确实可以在环境不变的情况下去特立独行的，去寻求自身变革。

马克思在《关于费尔巴哈的提纲》中批判环境决定论时曾说：“那环境正是由人去改变的。”

《中华人民共和国高等教育法》第 49 条明文规定“高等学校的管理人员，实行教育职员制度”。 简言之，实行职级制。 这就有了废除官级制、官本位的法律保障。

大学所要进行的改革是多方面的。 有些方面主要是自身的事，有些是与环境没有关系或关系不大的，这就可以由大学自己去改。

又比如，学术权力与行政权力相对，是两种判断权。 普遍的情况是，行政权力侵害学术权力。 此乃学术本位的丧失。

还比如课程改革。

优秀大学和优秀的大学校长无不把自己的理念一直延伸到课程上去，无不把大学改革与课程改革联系在一起。 如芝加哥大学的赫钦斯、金伯顿，哈佛的艾略奥特、博克；如纽曼（都柏林大学的校长）；如蔡元培（北大的）。

蔡元培不仅是兼容并蓄、学术自由的倡导者，而且他一直关心到北大的课程，他在北大首开美学课程，这也是在中国首开美学课程。

北大不可能不是理性主义的、现代主义的，同时，我觉得，后现代主义更应当在北大受到特别的关注。 对于教育学院，后现代课程观、后现代教育观，更会被看重。 后现代主义是一股庞杂的哲学思潮，但在我看来，后现代主义课程观在很大程度上体现了课程上的人本思想。 后现代主义与现代主义是可相容的，但我认为，在这种相容中，后现代应为主导，因为，后现代是对人本的回归。

因此，我冒昧建议开设“后现代主义课程观”的课程。 “人本思想与大学改革”这个题目，事实上，是把大学改革置于形而上的思考之中了。

真生的大学必定是具有形而上品格的。 大学美好的灵魂也就在这里。

大学是否具有形而上品格，关系到大学的命运，乃至关系到科学的命运，一个民族的命运。 这不是夸张，这不是小题大做，更不是危言耸听。

从古希腊的繁荣，到文艺复兴，到德国的崛起，到美国的强盛，无不与哲学相关。

而所有这些，大学都走在前头。

形而上的学问及相关的思维方式，不是摆设，不是装饰品。

我们的大学，乃至我们的国家，哲学兴趣的贫乏与哲学的贫困是同时存在的。 为什么我们已经有了一个庞大的经济体，而我们的创新力却仍然低下？ 为什么我们的原创与我们的大国地位仍极不相称？

马克思在1847年有一本著作，就叫《哲学的贫困》，其中，有一段话，说“不是原理属于世纪，而是世纪属于原理”，“不是历史创造原理，而是原理创造历史”。

美国是怎样崛起的？

是从德国那里学习的。

德国是怎样崛起的？

德国出了一个康德，康德引导了德国哲学的繁荣，哲学引导德国的繁荣。美国向德国学了什么？

美国也以哲学为引导了。

我们认为美国是实用主义国家，这也不错，但更确切的说法是：美国是一个哲学大国。

实用主义正是一种哲学。

然而，美国的实用主义跟我们这里的理解是很不一样的，美国看重的是实用，最优先的是对人、对人的发展、对人的解放、对人的幸福是否实用。

现在世界上，60％的哲学杂志在美国；60％的哲学家在美国。

反过来可问：如果美国不具有形而上品格，它能成为最强盛的国家吗？

同样可问：如果美国的那些一流大学没有一流的哲学，能成为世界一流大学吗？

加州理工学院（CIT），800院士中有28位人文科学院士。

在中国，谁应最具形而上品格？除了北大，还能是谁？

北大最应当，也最可能发展中国的形而上学学说。

恩格斯说，一个民族，要想站在科学的高峰，究竟是不能离开理论思维或哲学思维的。我们民族，不站在哲学高峰，能站到科学高峰去吗？我们的北大不站在哲学高峰，能站到科学高峰去吗？

北大要想站在科学的高峰、中国的高峰、世界的高峰，能没有一流的哲学吗？

哈佛在350周年之际，校长博克的主题讲话，只字不提350年来哈佛的巨大成就，而是专论哈佛的危机。但愿北大和北大教育学院多一些危机感，只有强烈的危机感，才能帮助北大登上高峰。祝愿北大，祝福北大；祝愿北大教育院，祝福北大教育学院。

人文引领下的和谐课程观

什么是人文？

人文，简单地说，即人的文化。主要指人的精神、态度、理想、信念，而不是人体；主要指人的心理，而不是生理；主要指神性，而不是物性。

什么是人文科学？

按大的分类，科学分自然科学、社会科学、人文科学。即，关于自然的科学、关于社会的科学、关于人的科学。

人文科学即关于人的科学。关于人的生理科学属于自然科学。人文科学仅指关于人的文化、人的精神、人的心理的科学。

上述三大类的划分，并没有包含数学，数学很特别。但有一说法，称数学为人文的近亲。原因在于，数学来自人的心灵。有人说几何产生于埃及是因为尼罗河常泛滥，所以常测量。黄河也常泛滥，为何无几何学？亚里士多德说：几何产生于休闲。几何公理怎么可能由测量而生，那是头脑的产物。素数的理论与生活毫无关系，而希腊人认为它构成世界。

人文科学中，最具代表性的，还是文、史、哲。

所谓人文引领，是人文的引领，还是人文科学的引领，还是文、史、哲的引领呢？

它引领什么呢？它又怎样引领呢？由它引领就必然是和谐的吗？

为什么需要由它引领呢？它的引领作用是如何表现出来的呢？它有引领的资格且事实上能实现引领吗？

文与人文有何区别？

文科与人文学科有何区别？

文科是一个更宽泛的概念。经济、法律、政治等，属于文科，但非人文学科。亦即，文科既含人文科学，又含社会科学。

理科的概念有时也被泛用。例如，不属于自然科学的数学也属理；理科本指关于物质的基础理念科学，但也包括了工程、技术等方面，包括了应用科学、工艺科学。

这样，也有一个相应的问题：人文引领是人文科学引领，还是文科引领呢？事实上，人文引领不是文科引领，而是人文科学引领，尤其是人文精神的引领。

文的实际地位怎样？

在人们的习惯说法中，都是“文理工农林医”，按此顺序，文摆在最前头。

不仅习惯上如此，在目录学中，文也是摆在前面的，在文科中，哲学又是最前面的。

在学校排序上，首先是排综合大学，有文理者即称综合，这也相当于文排在最前。

在中国大学，大约六七成的人念理工，三成的人念文，大约是个三七开。

在发达国家和地区（如香港），是倒三七开，七成的人念文，三成念理工。

在中学里，语数外地位最高，课时也最多。而语数外之中，两门半属文。文的地位如此之高！

以上，是关于文的事实上的地位。从内在原因看，从逻辑上看，为什么文有更高的地位呢？

尤其，人文为什么能起引领作用呢？

我们先看看人文学科，特别是文、史、哲有何特点。

最直接的，是从内容上看。

人文学科是关于人的学说。人生里程，人的历程，人的命运，人的精神，人的追求，人的本性，人的生命表现形式，人与语言，人与教育，人与种种事物的关系，人与人所生成出来的种种对象之间的关系……都是人文学科所要研究的问题。

而“人是什么”乃最基本的问题，也是人自己面对的最困难的问题，“认识你自己”，是最困难的问题。

宇宙已有137亿年，地球已有46亿年，人只有500多万年。但“人是什么”的问题比“宇宙是什么”的问题更难回答。事实上，关于宇宙起源，我们已略有所知；而关于人的起源（意识的起源）我们所知甚少。

因此，相对而言，文史哲一类学问更基本、更重要，也更困难。

下面，我们再从深层看看，人文学科的特性如何？

人文学科与自然学科、社会学科相比，它直接研究人，由此出发，我们需要探讨一下人本身的特性。

人不同，人要学会做人；人本是人，却还要学做人。

人最重要的特性是它具有反射性。人能反观自己，反过来思考自己。

人可以自己鼓励自己，自己鞭策自己，自己约束自己，自己把握自己。

人也可能自己吓唬自己，自己低估自己，自己放纵自己，乃至自己毁灭自己。

人是可以自己作用于自己的一种特殊生命体。

从积极方面讲，人是可以获得新的生命的生命体（有人获得艺术生命，有人获得学术生命，政治生命，戎马生涯……）

人文学科的根本特性与使命，在于认识到人自身的特点，并教人做人，教人成为人，教每个人成为自己，一个更高大的自己、更聪明、更智慧的自己。

由此，我们应当比较容易弄清楚人文学科的特殊地位。

无论什么人从事什么职业（工、农、商、学、兵），都有一个在自己的职业活动中继续做人的问题，思考做人，学会做人，在这些活动中获得新的生命。越懂得人的意义、人生的意义、生命的意义，就越可能在职业活动中、在取得成就的过程中，既发展了事业，又使自己的人生更绚丽。

人文普遍地起作用，普遍地起最基本的作用，最重要的作用。这不是谁的主观愿望，它事实上如此。

会演戏的，首先要会做人；

会做校长的，首先要会做人；

做人都做不好，能做好校长吗？

会为人师的，首先是会做人的；

做人都做不好，能做好教师吗？

……

如何做人？如何像人？这就是人文的学问。

人，最可怕的，是不知道自己是什么，不知道自己像不像人，不知道如何做人。而教育，最高的使命正是让学生知道这些。

由此，亦足见人文之重要。

这里，我们讨论一下语言在人文学科中的作用与地位。语言属文，这毫无疑问。

语数外，事实上都是语言，三种语言。一种是本民族的母语，一种是他民族的母语，而数学是描述世界的另一种语言。其实，音乐之类亦语言，一种特别能承载情感和思想的语言，承载人间喜怒哀乐、天地浩荡的语言。

所以，教育事实上是在教学生以语言。

甚至，人的成长就是他语言的成长。

大家看小孩子一天天长大，主要并不在其身高体重的变化，而在于其语言的变化。 父母特别高兴的是，小孩从学校里又学到了一些以前未曾说出的话或语言。

对于一般人的生活，如果说他的生活丰富，阅历丰富，通常也是从他的话语体系来判断的，从他所使用的特殊术语来判断的。

当一个人常在说行情、成本、盈利、利润、股市、牛市、熊市时，大体上可知其是经济人。

当一个人常说力热电光原、量子论、相对论，就大体上可知他从事着物理学的教学或科研。

有“隔行如隔山”一说，说的就是不同行业说不同的语言。

所以，语言即生活，语言即生命，语言的成长即生命的成长。

所以，教育既引导人进入一个更广阔的语言世界，也是在引导人的生命的成长。

前面已提到，人文的地位与一个国家的发达程度有关，与其文明程度有关。

实质上，人文的地位与人的地位是同档的，一高则另一也高，一低则另一也低。

在西方，人的地位的真正提高，始自文艺复兴。

人的地位不高时，谁高呢?

与人本相对的是皇本、官本、神本、物本（资本主义早期）。

学校教育不能等到社会复兴后再来重视人文。

为什么文艺复兴后有科学的全面繁荣？ 人的地位上升了。

可以说，没有人文，就没有科学的今天，就没有人的更高智慧。

现在，我们要简单解释一下这两句话。

第一句“没有人文，就没有科学的今天”，这是近代以来无数科学家所说的，他们说，是巴赫以来的音乐，是牛顿、笛卡儿以来的哲学孕育了我们。

第二句“没有人文，就没有人的更高智慧”，这可以从发散思维与直觉思维的决定性地位说起，而人文教育特别有益于直觉和发散思维的发展。

这些年来，人文科学在中国有了极大提高。 但我认为还非常不够。

至于它本应有的引领作用，更未充分发挥出来。 对它的研究水平也还很低，事实上也难以起到引领作用。

大学的“我思故我在”

“我思故我在”是笛卡儿的名言，曾被认为是唯心主义。可是，正是这位被称为唯心主义的哲学家取得了一些划时代的科学成就。

现在我们仅就“我思故我在”这句名言来进行一些讨论。

一、“人思故人在”

“我思故我在”，从字面上说，就是我思考着，我思想着，因而，我活着，我存在着，我是因思考而活着的。这句话对吗？反过来问：这句话不对吗？它有什么不对呢？假若一个人停止思考了，他不再思考、不再思想了，不再进行思维了，那么，他还在吗？恐怕他就最多是一个植物人。

人若不想，不是还可以看、可以尝、可以闻吗？当人看着、听着、尝着时，不也就在吗？

可是，许多动物也能看，有的比我们人看得更清楚，例如，雄鹰能在高空看见地面的小鸡；许多动物也能闻，有的动物的嗅觉比我们人还强，例如狗，狗通过嗅觉而过“鼻”不忘；有的动物听觉也极为发达。因而，如果只就感官而言，人比动物并不强多少。

人所不同于动物的，恰在于人有发达的大脑，人有高级神经活动，人能思、能想，能冥思苦想，能推想，能联想，能幻想，能梦想。真的是我思故我在，人思故人在。

人是因为思想而成为人的，人还因为勤于思想而更像人，还因善于思想而成为更聪明的人，更智慧的人，更高大的人。

因而，人若更勤于思想、善于思想，人就会是一种更厚重、更坚实、更耀眼的存在。

人的存在是一个动态的方式，存在本身就是一个发展的过程；人是一个发展性存在，一个过程性存在。

人作为一个过程性存在也主要表现为思想以及情意方面的动态发展。由少想到多想，由浅思到深思，由浮想到联想，由深思到幻想，思想是可以从多方面去发展演进的。从而，人也就可以在多思、深思、勤思之中发展自己的存在。

因此，从“我思故我在”那里，从“人思故人在”那里，还可进一步看到，善思可帮人成为一个更厚重的存在，人善思故人可以成为一个更高大的人。

二、大学的“我思故我在”

我是一般的代名词，一般亦指个体的我，系第一人称。现在，我们用大学来置换“我”字，那么，这个“我”也会是“我”思故“我”在吗？这样来看大学有意义吗？

大学是由一群人组成的，因而就其中的人而言，大学不是指个体了。但是，大学作为一个整体的机构而言，它也是单个存在的。我们就从这样一个角度来讨论大学的存在。

大学，真正的大学，是一个思辨的场所。

大学传递高深学问，而高深学问正是思想的产物，并且是善思的产物。当然，高深学问归根结底是人的产物，可是，它就是人的思维的产物，并且还是那些格外能思考的人的产物。没有思想，就没有可供传递的东西；没有思想，也传递不出去；没有思想，也没有实际上的受传者。

大学不只是将现成的学问传递下去，而且它本身就要生产学问，这就是研究。大学要通过研究来生产高深学问。这就更需要有思想。这样，大学就不仅是由思想者来传递思想，而且要由思想者生产思想，进而传递思想。也就是说，大学不是一个转运站，别人生产了思想而后由大学转送给学生。

大学为何存在？大学是因思想而存在，因传递思想而存在，因生产思想而存在。大学确实是“我思故我在”的，并且，它的思极为丰富，它不仅思索着，而且传递着，创造着。大学因思想而创造着，大学又因创造而更有思想。所以，大学的“我思故我在”非同一般，可以说，大学是“我传故我在”“我创故我在”，大学求索、传送、创造，大学全方位地思想着，大学的存在如此厚重。

如果说人因自觉其“我思故我在”而富有活力地存在着，那么，大学尤其是自觉其“我思故我在”的，并且大学唯因如此而更富活力地存在着，进而，大学还唤起人们普遍的自觉，且以自己丰富的“我思故我在”来引领人们，尤其是年轻人意识到自己真正的生活是建立在“思”之上的。

三、大学的使命

人，自觉其人者，大半都思考一个基本问题：人为什么而活着？自己为什么而活着？

大学，自觉其大学者，大半都思考一个基本问题：大学为什么而活着？自己为什么而活着？

人，大学，与矿物界、植物界乃至动物界都不同，它们只是存在着，人、大学就不只是存在着，而且活着，活动着，活跃着。

当人和大学自觉其存在、自觉其活着的时候，便为自己确立了使命，人的使命，大学的使命。大学的使命毕竟源于人的使命，可是，大学是一个人群，是一个有着复杂且有序的结构的人群，因此，它有十分特殊的使命。

大学有自己的职能，这种职能由最初的教学（知识的传递）经洪堡而扩展到研究（知识的增扩），再经由威斯康星大学而有了社区服务的职能。其实，基本的仍然是两项，所谓社区服务、社会服务也都是通过教学与科学研究实现的，离开了教学和科研还谈何服务？

有的还说四项，还加上人才培养一项。其实，人才培养不只是大学的事，大学的特殊之外正在于它是通过教学与科研来培养的。因此，就活动而言，其基本的使命确实就在教学与研究上。

如果还想深入一步来看大学的使命，那么，从大学乃一个思辨的场所这一点可以展开。

大学是一个思想之地，思索之地，思辨之地，推想、联想、幻想、梦想、冥思苦想。

大学不只是思想之地，大学还是出思想（生产思想）的地方，出各种各样思想的地方。

大学不只是出思想的地方，大学还是较之其他机构更能出思想的地方，特别能出思想的地方。

大学不只是特别能出思想的地方，而且是能出特别的思想的地方，特别能出特别思想的地方。

大学不只是能出特别的思想的地方，而且是能培养出思想的人——思想家——的地方。

大学正因为能培养思想家，所以，它有能培养思想家的思想家。大学是思想的摇篮，大学是思想家的摇篮。

以上的说法可以换个方式来讲。

大学是大脑活动的地方；大学是智慧的头脑活动的地方；大学是智慧的头脑生长出智慧的地方；大学是许多智慧的头脑相互碰撞的地方；大学当然也就是培养智慧的头脑的地方。大学是智慧的存在，因而它必定担负起生长和培育智慧的崇高使命。

四、中国大学为何培养不出大师

中国大学培养出了思想家或大师吗？谁都知道怎样回答这个大学都不能不关心的问题。

熊十力、金岳霖、冯友兰、贺麟算思想家或大师吗？如果算，那么，不能不注意到他们都是 20 世纪 40 年代以前培养出来的。

这样，人们就不能不问：中国为何培养不出大师来？ 这个问题曾经由钱学森提出过。 其实，这个问题早已存在，并且有许多的人早已知道这个问题，只不过因钱先生所提出而特别具有震撼作用。

人们常说，真理是时间的女儿。 换句话说，时间是真理之母。

然而，应当还有父，有父有母才能养育出自己的女儿来。 那么，真理之父何在？

实际上，自由乃真理之父。 时间和自由一起孕育出了自己的女儿——真理。

时间似乎是唾手可得的，取之不尽的。 实际上，不仅每个人的时间是有限的，而且，把握不好的话，它随时可能溜走。 况且，人在环境中，环境也可能迫使你失去时间。 例如，现在哪一所中国大学不是面临着一年到头的各类评、赛、比、查，而其中大多数是外界施加的，也有不少是非学术的，大量的是可有可无的，它们就可能让你丢失不少时间。 你能尽量与之周旋，与之保持距离吗？ 你能从这些非学术性的事务包围中抢住自己的时间吗？

自由，这还有什么问题呢？ 无自由，就一定不会有推陈出新，不会有创造；有自由虽不一定有创造，但一定使创造有了更大可能。

亚里士多德说“求知是人类的本性”，又说“人本自由”。 自由加求知即创造，故而创造也是人类的本性。 人类用自己的历史证明了这一点。

斯宾诺莎和黑格尔把自由界定为对必然的认识，即自由存在于认识之后。 可是，恩格斯说：“人对一定问题的判断越是自由，这个判断的内容所具有的必然性就越大。”这就是说，自由不仅在认识之后，也应当在认识或判断之中，之前。 这样看来，自由就是可以自己把握的，认识、判断和创造是可以自己把握的。

由此我们看到，大学的使命直接来说是传递知识和进行研究（发现或创造），然而，从根本上说来是保障时间，让非学术性事务所占有的时间降到最低限度，同时还有一个根本，就是保持自由。

自由不仅是可以保障和享有的，而且是可以扩展和创造的。 大学的使命还不只是保障自由，还包括充分享有和努力创造自由。 创造了自由，就是在创造着创造；创造了更充分的自由，就是创造着更多的创造。

如果说中国大学的使命在于为自己的民族培养出大师，培养出科学家、思想家、哲学家的话，那么，它的根本之所在就是为大学自身创造更多的更充分的自由。

五、我们面临的问题

德国在 19 世纪以前曾是欧洲十分落后的国家，进入 19 世纪之后，德国在经济、文化、科学各领域全面繁荣，到19世纪后期成为世界上最发达的国家，同时也成了高等教育最为发达的国家。

美国向德国学习。曾任哈佛大学校长40年之久的艾略奥特就是向德国学习的一个范例。美国人向德国学习了什么呢？学习了洪堡的思想，学习了对科学研究的重视，同时，他们更关注到德国的大学是世界上最自由的大学。

即使19世纪德国还处在专制制度之下时，它的大学就是最自由的了。大学与国家之间如此默契，国家拨款给大学，但决不干预大学内部事务；大学则接受和寻求国家拨款，但决不接受对大学内部事务的干预。大学认为，我们为国家服务，却只有在国家没有任何干预的时候为国家服务得更好。“德国大学是国家学府”①，“但实际上大学很容易维护它们的独立性”②。这就是德国大学19世纪处在世界最高水平的秘诀。

尽管德国高等教育在20世纪仍然处在很高水平，但最高水平的高等教育无疑属于美国了。其秘诀是一样的，其差别仅仅在于美国为大学创造了更自由的环境。曾有美国人对日本人、俄罗斯人说，你们以为美国的科学成就大、水平高是因为钱多，其实是因为美国比俄罗斯、日本有更充分的自由。“最好的大学是最自由的大学。”③

显然，最差的大学是最不自由的大学。这个道理能够说明许多的问题。

我们国家盼望在21世纪有一个极大的发展，我们的高等教育应当为这一发展做出贡献。但它要承担起这一使命是面临一些问题的。什么样的问题呢？相信，19世纪的德国、20世纪的美国都能给21世纪的中国以诸多启示。

进一步要思考的是，有哪些因素束缚了我们？来自自身的有哪些？来自外界的有哪些？大学思，故大学在。

最关键的是大学要把握自己，即使是对于来自外部的消极影响也可以因自身的努力而使之降到很微弱的程度。当然，外部也应自觉起来，需要改革的东西实在是不少。并且，从基本的差别来看，我们与美国和德国相比，主要还是表现在外部环境上。改革是中国大学得以繁荣并以其成就贡献给国家的根本之所在。这都表明，大学确实需要明白“我思故我在”的深刻含义。

---

① ［加］范德格拉夫．学术权力：七国高等教育管理体制比较［M］．王承绪等译．杭州：浙江教育出版社，2001：1．

② ［加］范德格拉夫．学术权力：七国高等教育管理体制比较［M］．王承绪等译．杭州：浙江教育出版社，2001：1．

③ ［加］范德格拉夫．学术权力：七国高等教育管理体制比较［M］．王承绪等译．杭州：浙江教育出版社，2001：1．

谈做人

做人与做事都不容易。事情做得好的，不一定做人做得好；做人做得好，应当包含了做事做得好。如此看来，做人当然更重要一些。

做事做得好，并且总是做得好，大半做人也做得不错。由此看来，做事的重要性也差不了多少。

两者的关系可能是很密切的，在做事的过程好好学着做人，在好好做人之中把一件件事做好。

我常认为自己应当低调做人，高调做事。所谓低调做人，我以为就是恭谦、随和、亲切，不起高腔；所谓高调做事，就是在工作上精益求精，力求跨过一个又一个的高度，不断超越，超越既有，随时超越自己。

因而可以换句话说，做人要保守，做事要超越；做人讲操守，做事求新奇。

一首曲子，常有平缓和高潮的不同段落；一篇文章，也会有自己的结构。一个人，也会走在不同的阶段，面对不同的事物有不同的态度和取舍。人生很丰富，件件事情都做好很不容易。人生从大的方面分，也就是做人和做事这两桩。

我的另一句格言是：做人，与众相同；做事，与众不同。这跟低调做人、高调做事在含义上相近。我都以此标准要求自己。无论何时也不盛气凌人，无论对谁也不忘乎所以。即使对有些狂妄之徒，也不必认真对待，做好自己最重要。

在做事上与众不同，这也是一种追求。做得跟别人不一样不一定是创造，做得跟别人一样，肯定不是创造。追求不一样，是追求创造的起点。或者说，创造是从寻求不一样开始的。

首先是内容上不一样，也寻求在表达上不一样，风格上不一样。自己的作品要像自己。

无论是教书还是写书，都是如此。而且，我预料，在每十件做得跟别人不一样的事情中，有一两件事具有创造性的可能性是很大的。我教得多，写得也多，又随时保有寻求不一样的心态，这样，就不担心没有任何创造。实际上，这种心态十分有利于提高自己的创造力。

在寻求不一样上，在表现形式和风格上是比较容易做到的。坚持用自己的语言来表达就行了。因而，重点还在内容上。特立独行也好，别出心裁也好，着重在内容上下功夫。在此基础上才真正有个性可言，有创造可言。

在内容上与众不同，就是在观念上、理论上与众不同。思想上的与众不同是形成内容上不一样的基础，一切都在于所思所想的不同。

在同样的物质条件和环境下，思想可以有千种万种。真正强大的是思想，思想的力量是无边的，人的真正伟大之处也在于思想。我们的哲学太忽视思想的力量、精神的力量了。在这种哲学影响下创造力低下是必然的。思想解放必须包括哲学的解放。

平庸的哲学之下，我们能指望什么？思想的障碍常常来自某些哲学中潜藏的观念。流行的哲学是贬抑人的哲学，是心中没有人的哲学，换言之，非人之哲学。我常把我的哲学称为人哲学，有时也称为人主义哲学，简言之，即人哲学。

我的人主义，与人本主义，人文主义是有所不同的。人本主义出自20世纪80年代的中国学术界，人文主义则出自文艺复兴时期的欧洲。

人相对于大自然并不处在本位，即使在大自然之中，人与那些小河、小鸟、小草也不能说是本末关系。概括地说，我的人主义是人在上天之下、社会之中的本位，人本是与皇本、神本、官本、物本（金钱本位）相对的。

在欧洲兴起的人文主义，主要是把人从神的统治下解放出来。实质上是完成了一项资产阶级革命的重要使命。但我的人文主义不只是相对于神本位的，不只具有反封建的性质。

我曾写过一篇文章，题目是《人是怎样湮没在“人民”之中的》。我的“人”概念与“人民”这一概念有根本区别。“人民”是一个政治概念，“人”是一个至高无上的生命概念。

人权与人民权也是大不一样的概念。人权被认为是天赋的，人民权则是被别人认可的。

人权在任何情况下都是不可被剥夺的。即使是坐班房的人，除了他依法被剥夺的某些政治权利外，其他的人权，例如吃饱的权利、不受冻的权利、不挨打挨骂的权利等，都不应被剥夺。

我在说到尊重时，是指对人的尊重，而非人民；我认为至高无上的是人权，而非人民权；我认为每个人都在人中，却不一定在人民中。

我的尊重是指对人的尊重，而且是对每个个人的尊重。这是指所有的人，又是所有的个人。

我的人哲学之中的人，是一个个具有神圣生命的人，人的神圣还基于上天赐给他几乎完美无缺的一切，他的神秘，他的神奇。在我看来，每个人都是神秘、神奇和神圣的，每个人是每个人自己。

我从数学那里就大体明白了人的神奇与伟大，又从哲学那里明白了人的神秘与神圣。

后来，我的教师职业让我更有可能去深入地思索人。这也曾让我设想，假若我从商，可能不会有如此深入思索人的条件；假若我从政，那可能要更顽强地去抗拒一些诱惑，一些可能让人性丧失的诱惑。因此，我感到自己有幸从教。然而，与从商从政一比较，我就觉得教师应当承担更多的责任，让未来可能从商从政的学生不易受到诱惑，不易丧失人性。

我的人哲学并不是我在人生的后半段才确立起来的。只能说，在我还比较年轻的时候，这种哲学还处在较为朦胧的阶段，而后就逐渐有了这种哲学自觉。

我认为，对于我的为人、做人，是与一种自觉的人哲学联系在一起的。我的人权观念是根深蒂固的，虽然我也生活在人权观念不易被接受的一种环境下。

有些哲学认为，凡人都是某个时代的人，没有超出时代的人。我认为，这种断言与事实不符。是有超时代的人的。马克思关于未来社会的思考，既与那个时代有关，又超越了他那个时代。人的神奇就在于他能超越，能预见，能预测，能预设。

独立人格

自由与独立同在。没有自由，就没有了独立；没有独立，也就没有了自由。

对一个人是如此，对一所大学也如此。大学的自由与独立是同在的。最高水平的大学是最自由的大学。于是，我们也能看到，最高水平的大学在哪里？它们是在怎样的环境下走上了最高水平？

我在任职湖南师范大学校长期间，我的目标当然是使学校提升至高水平的大学。由于我对高水平和自由关系的理解，我的目标就转而为：把湖南师范大学办成自由的大学；又由于我对自由与独立关系的理解，把湖南师范大学办成一所独立的大学也成了我的目标。自由与独立同在，自由、独立与高水平也同在，只是这后一种同在的“同”还差一点点条件。

我想，自由、独立，再加上有效的奋斗，就真的等同于高水平了。为维护大学的自由而奋斗，为维护大学的独立而奋斗，为做好大学自身的许多实际工作而奋斗，有了许多方面的奋斗，大学的高水平就有了足够的保障。

日、俄有学者认为，美国大学水平高是因为他们特别有钱。美国学者对他们说，你们错了，我们的高水平是因为我们特别自由，虽然你们也很自由了，但我们比你们更自由。在我看来，事实和逻辑都能证明美国学者的说法。

钱是获得自由的一个因素，但我深信，钱并不是决定性的因素。更宽泛一点说，物质条件是一个因素，但不是决定性因素。如果说，十亿美元能办一所世界一流大学的话，那么，中国每年给那么一两所大学十亿美元并不困难，可是，真的办成世界一流大学，再加几十亿美元也不一定做得到。

自由与独立的相对面是束缚、奴性、依附。如果束缚、奴性、依附存在，就需要解放，从解放中重获自由。因为束缚可能随时存在，所以随时需要解放。受束缚，不解放，能办出世界一流大学来吗？

人对人的依附是封建社会的特征，人对物的依附是早期资本主义社会的特征。人不再依附于人和物，人真正自由和独立了，这才是理想社会的特征。

人的尊严是人的生命，然而，自由和独立，人才有尊严；人若有尊严，亦必有自由和独立。所以，自由与独立也是人的生命。

恩格斯在谈到未来时，他的理想也就是让人生活在有尊严的社会里。这是所有追求自由与独立的人的社会理想。自由、独立与尊严也是同在的。

自由与独立是人的尊严得以维护的必要前提，是人的聪明才智得以发展的必要条件，是人获得创造与幸福的必要保障，因而，也就是人的生命本身。

我曾问学生：是现在的人还是过去的人变得不像人的危险性更大？回答竟是那样一致，现在的人。为什么？因为诱惑更多了。似乎机会也更多了，但同时危险也加大了。

其实，问题并非那样简单。不只是诱惑的问题，不只是经济或钱财因素。

在功利面前，在权威面前，在铁定的原理面前，在政治权力压顶的时候，在与他人地位不相称的时候，还能不被左右、不被掌控吗？还能享有自由和独立吗？

我很在意独立人格，自己的和别人的。

对于人格，有三种不同意义上的理解。一种是法律意义上的，人格相当于法律保障的人权；另一种是伦理学意义上的，人格即做人的起码规格；还有一种是心理学意义上的，人格即个性，即每个人的心理特征品质。

我这里所说的独立人格，是从三方面去理解的，尤其是从心理学意义上去理解。做独立的自己，做有个性的自己，不为任何外界的东西所掌控，只受自己的良知和理智所掌控。

具体来说，在任何级别的官员面前，我都会十分淡定，不会觉得矮人三分；在任何富裕的人面前，我都会觉得平平常常，不会由此而断定他是真正的富有；在任何有学问的人面前，我可能会有几分敬意，却也绝不会随声附和；我最愿意与有哲思的人交谈，彼此得到启发，却充其量视为求知路上平等的朋友。

我珍惜独立人格，有此者像人，舍此者不再像人。在陈寅恪说“独立之人格，自由之思想”时，独立人格是更重要的前提，否则，自由之思想也丧失了；同时，自由之思想又是独立人格的最重要的体现。

行为之自由是不可能不受任何限制的，思想之自由则可以不受任何的限制，主要由自己把握。独立之人格，自由之思想，都要靠自己把握；自己爱护，自己珍惜，自己把握，自己拥有和发展。正是在这个意义上，李大钊认为思想之自由具有绝对的性质。

处在社会底层的人可能更珍惜自由与独立，如卢梭这样的人。自由、平等被认为是天赋的权利。 在这种观念下，自由、平等的权利必具有绝对性。天赋的东西谁能剥夺？

处在高位的人，取得了某种权力的人，有可能否认这种天赋性，有可能认为自己可以享有而别人不能拥有。 这叫作忘乎所以。 不仅握有政治权力的人有这种危险，握有某种学术权力的人也可能有这种危险。

我在任校长时，拥有一定的行政权力。 但我时刻以滥用这种权力为耻。

在我拥有行政权力时，曾特别维护学术权力，并从制度上、机制上保障学术权力，防止行政权力的强势。 学术委员会主席、副主席，学位委员会主席、副主席都不得由行政负责人兼任。 要特别警觉行政权力的蔓延，防止它越过边界。

我在学问上做出一些东西，有了一定水平之后，自信、自豪是有的，但绝不张扬，绝不狂妄，尤其不会不尊重他人。 对于有些不学无术而又十分张狂的人，我很藐视，但也保有对其人格之尊重。 这是个基本界限。

在拥有一定行政权力时，例如任校长、任党委书记之时，我绝对地保持平民心态，这是我本有身份的心态。 在今日之社会环境下，做到保持本有的平民身份并不容易，但，我想我是做到了的。

我很警觉那些地位相对较低的人在我面前拘束，更警觉他们的盲从，尤其要警觉那种趋炎附势的人。 我生怕别人有站在我面前而感到矮我三分的情形，如遇这种情形，我一定设法开玩笑，把气氛变得轻松，让彼此都很自然。

既然我在任何权势面前站直着讲话，我也一定这样希望别人，希望跟我交谈的人站直，笔挺挺地说话。 无论是作为行政管理中的下级，还是作为教育活动中的受教育者，我都非常看重他们站直了讲话。

换言之，我既然看重我的独立人格，也同等看重他人的独立人格。 我看重我作为人的存在，也绝对看重他人作为人的存在。 这个“人”字具有绝对的意义。 假若我是某监狱的监狱长，我非常有把握对任何囚禁于监狱的人保持尊重，因为在我看来，除了依法剥夺的某些权利外，他们作为心理学、伦理学意义上的那种人格的独立性并未丧失，也应受到尊重。

人生偶然

同学 50 周年聚会时，雷显亮谈起了能活多久的问题。若是同学 10 周年聚会，可能不会谈这样的话题。这是老年人谈论的话题，年轻人只需要考虑怎么活着，离死亡还远着呢。不过，我也听说有的国家对青少年就进行死亡教育。知道人总有一天要离去，早早地知道也有好处，可以早早地明明白白地过日子。

在 2010 年时，我特别希望这一年快点过去，“73，84，阎王不接自己去”，这是中国流行的说法。73 岁和 84 岁分别是孔子和孟子的年龄。很可能那种说法如此流行也与孔孟圣人有关。2010 年我 73 岁，过了这一年，就有可能再奔 84 岁了。迷信吗？好像说不上，然而，人总是有各种各样想象的。

李盛华老师在过了 68 岁之后说：“再每活一年就是多活一年了。”那时候，中国男性的平均年龄是 68 岁。他认为，超过了 68 岁，就算多活了，于是，从那以后每活一年他都觉得是多活了一年。最后，他达到了 93 岁的高龄。

李盛华老师算长寿了吧，长寿的秘诀何在？有人说：“生命在于运动。”可是，李盛华老师的例子则说明“生命在于不动”，他没有做过什么运动，连散步也很少很少。

我现在天天打球，并不是因为有“生命在于运动”的教导；同时，我也不会因为有李盛华老师的“榜样”而不去运动。当有人对我说“你的锻炼坚持得好”时，我不以为然，我不是为了锻炼，只是喜欢；也不是刻意坚持，只是成了习惯，不打球就手痒。

在跟雷显亮的对话中，其实我还说了一段话。如果一天能活出两天来，活十年就等于活了 20 年。1978 年之后，我很努力地生活着，几乎一年活出两年来，这样一算，我已是百岁老人了。实际上，我虽然口里说“活一天算一天”，却是认认真真去过的，精打细算去活的。在我看来，不必去想活多久或者能活多久，那是白想的；实实在在的事是把每一天都活好。不要说每分每秒都活好，只要说每天都活好。我真的做到了，我从未整天整天地无所事事。

胡冬煦在任湖南医科大学校长时，我早已任湖南师范大学校长。 同任校长时，有许多机会在一起聊天。 全国许多的医科院校都与别的院校合并了，他也面临合并的问题。 论学科互补而言，他最愿意合作的对象是湖南师范大学，最好的生物学科，还有与医科相关的理化以及心理学科，都在湖南师范大学。 最后与之合并的却是湖南工业大学，湖南工业大学是专攻冶金、地质、探矿的。 最终竟是与最没有互补性的湖南工业大学合并。 原因有两个，一是湖南省财政不愿担负本属卫生部负责的湖南医科大学，二是体制，湖南工业大学属于部委体制，问题不大。

胡冬煦是胸外科大夫，拿刀子的。 他对生命有独到的看法，他曾说："每个人能活多久是一生下来就确定了的。"我问："意外死亡呢？"他答："意外也是预定好了的。"这就是一个观念，接近信仰的一种观念，相信这个观念不会影响到他对危重病人的抢救。

其实，人生有许多偶然。 但按胡冬煦的理论，这些偶然也都是必然。

大约是 1982 年，我去太原联系调来刘振修。 很可能是经由石家庄转太原时吃了一碗面条，卫生条件差，感染上了伤寒，高烧不止。 附二医院曾下了病危通知，那时学校的领导人李秋枫、尹长民都来医院看望了我。 如果那次走了，当时还在上中学的两个小孩就归彭英一人独担了。 那该有多艰难。当然，后面做 18 年的校长一事也不会再有。

1984 年，去加拿大和美国访问。 从北京经上海转飞加拿大温哥华。 飞机从北京到上海刚降落就发现有机械故障，修理很费功夫，于是更换了飞机。 在从美国回来，快到上海时，飞机就出现了问题，勉强降落在上海。一再地遇到故障，稍有不测也会出问题。 我把这个过程告诉一些人，他们就说"你命大"。

1998 年，理化楼两头起火，看到当时的火情，我的心跳一下停一下，第二天一早就进了附三医院。 医院给予了良好的治疗和护理，很快就恢复正常了。 出院时，医生说我的心脏没有器质性毛病。 我只问："还可不可以打球？"医生说："没问题。"在我担任湖南师范大学校长期间还有过两次火灾，但都没理化楼那么严重，那么危险。 这三起间隔五年，会有周期性吗？不能长久平安吗？

我出生在印尼，在父母回国时我不满周岁。 回国前，一位没有子女的印尼华侨找我母亲，希望买走我。 这事当然由我母亲做主了，当时她已有八个孩子了，卖掉一个也还有七个，但我母亲当机立断：不卖！ 子女再多，也要把他们养大。 这也是一个经历，并不是什么危险。 只是放在更一般的情况下看，不同结果的可能性未必一律不存在。 不过，有我的父母，危险并没有发生。还可假设，如果我真的被卖给了那家印尼华侨，他们对我也许会很好，但不知他们是否会告诉我我的亲生父母是谁，即使他们做得很好，但亲缘血缘是最重要的。世上不会有比我的亲生父母对我更好的人，我深信。

还可设想，假若1957年我被正式定为右派分子而不只是中右分子，那么，我的一生几乎可以说是另一番景象。许许多多的右派分子饱经磨难，不少被折磨致死，活着的也大多九死一生。饶钦威就因被划为右派而度过了25年颠沛游离的生活。我可能幸免吗？这种假设，人们不会觉得不着边际，中右分子与右派分子仅一线之隔。一方面，我因是中右分子而在所有的政治运动中都被作为批判对象；另一方面，又毕竟还有那个一线之隔而没有把我发配到劳改农场。

我绝不会有意去看别人的机密。“四清”期间的某次会上，定为积极分子的王某坐在我右边，他的本子上，有我的名字，确实是偶然看到，那上面我属第四类。按当时的“四清”文件，第四类就属于敌我矛盾，是属于阶级异己分子的。我看到并不十分惊奇，但也没有达到那样的认识，没有意识到那么严重。

历史主义告诉人们，历史是遵循必然而发展的。我虽相信有因果报应，却不会不看到偶然的作用。谁能解释中国有出现一个“史无前例”的运动的必然？谁能料到中国在那个时候之前就出现不断内斗？谁能料到那场大饥荒，那个大灾大难会降临到中国人头上？全世界都被这场惊天动地的大动荡惊呆了，怎么会发生这样的事？没有神明能料到这一切。若是必然，怎能不算到呢？

巴金建议修建一座“文革”博物馆，这是对历史的负责。如果在别的地方，这一建议一定会被采纳。尽管中国大陆尚未修建，但世界上许多其他地方努力保护着相关的众多史料。人类都不想忘记，这是发生在我们地球上的事，谁都有权关注。而在大陆，这座博物馆早已修建在人们心里，人们不会忘记自己经历过的苦难。

很难说胡冬煦的观念是宿命论的，但如果全是必然，人们就可能倾向于宿命论。究竟是时势驾驭人，还是人驾驭时势，这也是一个争论不休的问题。但事实和逻辑都能说明我们这里流传的是“时势造英雄”的说法，同样属于无人哲学、非人哲学。

也许，我来到这个世界就是一个偶然。但许多人相信还有来生，18年过后又是一条汉子。

我倒相信人间是有无限和永恒的，尽管时间、空间都是有限的。孔子、亚里士多德早已去逝，但他们还活在人间，这就是永恒。没有人能数完所有的整数，但任何人都容易明白整数有无限个。

有没有来生的问题，我可以不去思考，而只需要过好每一天。至于无限，可能数学所告诉我的，比一般没学过高等数学的人来，要多得多，有各种各样奇妙的无限。

人间的许多因果，其中有许多是可以去把握的，我相信我已把握了不少，却不是全部。

把握自己

是谁让我多活了一些年？ 这是一个问题吗？ 是，我感觉是有这个问题的。

但这个问题在逻辑前提下就有疑问，多字是什么意思呢？ 如果有个标准，有个限度，那么，超过了的部分就是“多”出来的。 比如说，我本应活65岁的，那么，到现在，我就已“多”活了十年以上。 可是，谁来说明我本是活65岁的呢？ 65岁的标准或尺度是从哪里来的呢？

以我母亲活的年寿为标准，我已多活了20年。 但我母亲应属于非正常死亡，她本可多活很多年的。 母亲去世时，正值我高中毕业前夕。 我的生活仅凭父亲一人照料，少了很多关照。 这让我要更加独立生活。 我常抱怨上天，应当让我母亲至少多活30年。 可是，她离世后的20多年里，中国社会动荡不已，若她在世，可能比父亲受到的折磨还多，一想起这些，我的怨悔又消减了一些。

我父亲活到了82岁，若不是去世前两年摔了一跤导致他新陈代谢锐减，他应当可以活到90岁以上。 如果继承了父亲的生理特征，那我就还有十多年可以活着。

无论怎样，我都知道，父母不仅生我养我，我能活多久，也大体上是他们给我的，是他们让我能活很多年。

我的父亲在那场史无前例的风暴中，亦不堪忍受而割腕自杀，血流不止，后来被我四嫂看见，抢救过来了。 后来，有人提醒他：“你以这样的方式走了，‘自绝于人民’的帽子也会戴在你头上，并影响你的子女。”后来，父亲对我讲：“今后，再怎么艰难，再遭受多么大的屈辱，我为了自己的子女，也不再走那条路。”每当想起他说的这段话，我必定泪流满面。 虽然时间已经过去了40多年，写到这里，我仍潸然泪下，浸湿了稿纸。

那时候，他住在只有五平方米的一间草棚里。 我的父亲是一位颇受乡亲信赖的医生，医德医术有口皆碑。 他有很强的生活能力，一般丧偶的男子生活料理能力差，但我父亲很能料理饮食起居，那时却一人蜗居于一间狭小的草棚里，那种凄凉景象，深深印在我脑里。

我确实没有什么政治觉悟、阶级觉悟，但我有民族觉悟。 我于1956年入党，那如果算有什么觉悟的话，仅是民族觉悟，因为，那时我认为这个党可以让我们民族独立强大。 此外便没别的了。 所以我深信我没有别的杂念，更没打算为自己谋取什么。

如果没有 1978 年前 20 多年的那许多经历，真的不一定明白 1978 年的转变对我们中华民族有多么伟大的意义。 生活在今天的年轻人，那些所谓 80 后、90 后，可能很难体会到这种意义，很难知晓这一转变对于我们的民族多么重要。

我自幼就比较开朗乐观，直至高中，似乎一切都无忧无虑。 进入大学后，逐渐开始改变，不断有风暴袭来，好像防不胜防，悲观的情绪在增长。 虽然进入大学后的第二年我就入了党，但如果是在党外，可能日子还会好过一些。 在今天看来这都可能是天意的安排，历史没有如果。

有人说我是混进党内的，这有一个背景。 1956 年是大量吸收知识分子的一年，许多知识分子就趁机“混”进去了。

实际上，无论时势多么严峻，我仍有许多快乐之源，例如音乐、诗歌，人间多的是美好，还有大自然。 更基本的是，我在做人上的自信，我深信，我孝敬父母、尊重他人，在真理面前不乏虔诚。 有了这些，我相信上天不会惩罚我，我不会遭雷劈。

特别是到了 1978 年之后，我能自由地享有以上的这一切，音乐、诗歌、教书、演说、写作；尽到自己的义务，拜祭父母，朝奉祖宗，养育子女。

有许多的人给了我快乐、鼓励和支持。 有许多的事给我带来愉悦、高兴和鼓舞。 不能断定这些人和事能让我延长寿命，但能断定，这些人和事让我的生活更充实，质量更高，而这样一来，也无异于延年益寿。

我无意中形成了一些在他人看来，在营养学看来是良好的习惯。 例如，我的饮食始终是清谈的，我吃的就是红薯、土豆、玉米，不经加工，不放油盐。 我很习惯吃这些东西，并且认为我从土里来，在土里长，靠土里种植出来的东西生活，将来也回到土里去。

是父母，是祖宗，是苍天，是大地，抚育我，供养我，让我快乐地活着，充实地活着。

父母都经历了中国的 20 世纪，我父亲正生活在这个世纪的前七八十年里，这是中华民族多灾多难的 70 多年。 连绵不断地战火似乎终止于 1949 年了，但是，自此以后又是连绵不断的政治运动，批斗、伤害、欺骗、侮辱，一切依在。 直到 1978 年终结。 可是，刚刚过了三四年平静的日子，我父亲就过世了。 颠沛流离、逃荒与逃难、恐怖与迫害总伴随着他。 我父亲的遭遇当然不是孤立的事件，那几乎是每个人对我们民族灾难的分担。

我对我的父亲的这种怀念，是我的小孩难以领会到的。在他们看来，我们的生活基本上是顺风顺水的。我在政治运动中的一些遭遇，对于他们，那只能在历史的某些回响中去感受了。无论现在还有多少问题存在，邓小平都特别了不起的为中国基本上终止了政治运动，终止了政治迫害。对于别的国家，可能这不算什么，但对于中国，这实在太重要、太宝贵了。简直可用扭转乾坤来形容。苦难的中国走上了平静，日益繁荣的道路。

到 1978 年，我已过不惑之年，虽然人生最宝贵的一段时间被耽误了，但是，如果幸运的话还可以干上 30 年左右。我以特别努力、特别专注、特别珍惜的态度去对待了不惑之年之后的岁月。如今，30 年业已过去，我依然可以算得上是幸运的。

由于我把握了自己，没有去从政，更没有懈怠，一直在学术领域里行走着。这使得我直到今天还站在讲台上，还在教书，还在指导博士生，还在著述。

也许与动荡年代耽误我们时间太多这一点直接相关，我在时间上是十分吝啬的。杜绝一切可能的时间浪费，不把时间耗在无谓的事情上，也不让任何无谓的外界因素干扰我。

最近一些年，我还自己给自己理发，这可以省不少的时间。省去了来回跑理发店的时间，排队等候的时间，很难碰到一去就能理的情形；理发师的正式程序很多，我自己理可以分散，一次剪一点，写作总有停顿的时候，一停顿下来拿起剪刀就理了。我无须照着镜子剪，凭手感，哪里突出就剪掉哪里。两边的头发剪起来问题不大，只是后脑部分难把握一些。

有一次，我要我爱人看看我后脑的头发，她惊呼："哎呀，快到理发店去修一下。"我对她说："如果我不刻意要你看我的后脑，你都不太可能去注意，还有什么人去看你的后脑头发理得怎么样。只要我自己不在意就够了。"

我也是很自我的。时间最要紧，别的就不要管得太多了。对于我一边走路，一边啃玉米棒的事，有人说："这有失校长风度吧？"但我不觉得这与校长风度有什么关系。我行我素，这是一个贬义词，但是，在有些事情上是不要在意别人议论的，是需要我行我素的。我把这叫作充分的自我把握，充分地把握自我。而所谓我，就是时空中的一种存在，时间不在，自我何在？